21세기 교회는 1세기 초기 교회와 비슷한 도전을 마주하고 있다. 고대 로마의 다신교 사회에서 세례 교육을 받으며 삼위일체 하나님을 알아가던 옛 신앙의 선조들처럼, 여러 신념 체계가 서로 경쟁하는 현대 사회에서 우리도 기독교의 진리가 무엇인지 새롭게 배워 가야 하는 절실한 상황에 부닥쳐 있다. 이러한 문제의식에서 쓰인 이 책은 현대 사회가 던지는 도전을 회피하지 않으면서도, 기독교 신앙의 정수를 가감 없이 현대인의 언어로 전달해 준다. 책 전체에서 저자 후스토 곤잘레스의 전문 지식과 교회에 대한 애정 어린 헌신이 돋보일 뿐 아니라, 곳곳에서 그가 들려주는 시의적절한 예화는 우리가 이미 잘 알고 있다고 생각한 교리들에 새로운 생명력을 불어넣는다. 신학과 교회, 이론과 삶의 현장을 연결하려는 의도로 이뤄졌던 강연에서 발전한 책인 만큼, 책의 밀도와 난이도와 구성이 오늘날 한국 기독교 독자들의 다양한 필요와 요구를 만족시켜 주기에도 더할 나위 없이 적절하다.

김진혁 횃불트리니티신학대학원대학교 조직신학 부교수

이 책은 모든 건전한 기독교 종파와 교단을 관통하는 기독교 신앙 신조와 교리를 현대인의 감수성에 적합한 필체로 해설한다. 쿠바 출신 감리교 목사요 역사신학 교수로서, 한국에 널리 알려진 『기독교 사상사』 저자인 곤잘레스는 계시론, 신론, 예수 그리스도, 성령, 교회론, 그리스도인의 종말론적 소망 등을 명쾌하게 다룬다. C. S. 루이스의 『순전한 기독교』나 제임스 패커의 『하나님을 아는 지식』과 같은 신앙 입문서로서, 기독교 신앙을 가져 보려는 구도자나 초신자들에게 최적화된 안내서이다. 기독교 신앙의 알파와 오메가를 설득력 있는 지성적 언어로 풀어가는 저자의 문체가 독자들에게 잘 흡수되는 책이다.

김회권 숭실대학교 기독교학과 교수

기독교의 중심 교리에 대한 선이해가 없는 사람들도 알아들을 수 있도록 친절하게 쓴 책이다. 교회가 요청해서 집필을 시작하고 교회 현장에서 함께 읽으면서 수정 보완했기에, 학자들의 문제의식보다는 현실을 살아가는 성도들의 실제적 관심이 이 글을 이끌어 가는 힘이다. 복잡한 주제를 쉽게 설명하고, 논란이 될 수 있는 대목에서도 선명하게 자신의 의견을 밝히며, 가볍게 읽을 수 있는 글로 묵직한 도전을 던지는 것, 이는 대가만이 할 수 있는 일이다.

박영호 포항제일교회 담임 목사

Copyright © 2017 Asociación para la Educación Teológica Hispana (AETH)
Originally published in Spanish as *Conoce tu fe: Cristianismo para el siglo XXI*
by Asociación para la Educación Teológica Hispana (AETH)
This Korean translation is based on the English translation edition published
as *Knowing Our Faith: A Guide for Believers, Seekers, and Christian
Communities*
by Wm. B. Eerdmans Publishing Co., Grand Rapids, Michigan, U.S.A.
All rights reserved.

This Korean translation edition © 2022 by Jireh Publishing Company, Goyang-si,
Gyeonggi-do, Republic of Korea.
This Korean edition is published by arrangement of Wm. B. Eerdmans
Publishing Co. through rMaeng2, Seoul, Republic of Korea.

이 한국어판의 저작권은 알맹2를 통하여 Wm. B. Eerdmans Publishing Co.와 독점 계약한
이레서원에 있습니다. 신 저작권법에 의하여 한국 내에서 보호받는 저작물이므로 무단 전재와
무단 복제를 금합니다.

교회 공동체의 믿음

교회 공동체의 믿음
: 하나님, 인간, 구원, 교회, 종말, 삶에 대한 기독교 역사의 대답

초판 1쇄 인쇄　2022년 5월 18일
초판 1쇄 발행　2022년 5월 25일

지은이　후스토 곤잘레스
옮긴이　오현미

기획, 마케팅　김정태
편집　송혜숙, 오수현
총무　곽현자

발행처　도서출판 이레서원
발행인　문영이
출판신고　2005년 9월 13일 제2015-000099호

경기도 고양시 일산동구 백석로71번길 46, 1층 1호
Tel. 02)402-3238, 406-3273 / Fax. 02)401-3387
E-mail: Jireh@changjisa.com
Facebook: facebook.com/jirehpub

ISBN 978-89-7435-597-5 (03230)

신저작권법에 의해 한국 내에서 보호받는 저작물이므로 저작권자의 서면 허락 없이 이 책의 어떠한 부분이라도 전자적인 혹은 기계적인 형태나 방법을 포함해서 그 어떤 형태로든 무단 전재하거나 무단 복제하는 것을 금합니다.

교회 공동체의

믿음

후스토 곤잘레스 지음 | 오현미 옮김

하나님, 인간, 구원, 교회, 종말, 삶에 대한 기독교 역사의 대답

이레서원

주님, 저는 주님의 장엄한 높이에 이를 생각이 없습니다. 그 높이에 비할 때 저의 생각은 아무것도 아니기 때문입니다. 다만 어떤 식으로든 주님의 진리를, 제 마음이 믿고 사랑하는 그 진리를 알고 싶습니다. 저는 믿기 위해서 이해하려는 것이 아니라, 오히려 이해하기 위해 믿고자 합니다.

- 캔터베리의 안셀무스, 『프로슬로기온』

목차

책머리에 ⋯ 8

독자에게 드리는 공개편지 ⋯ 10

믿음 이해하기 ⋯ 15

1. 계시 ⋯ 32

2. 삼위일체 창조주 하나님 ⋯ 48

3. 인간 ⋯ 61

4. 구속: 예수 그리스도와 새 창조 ⋯ 77

5. 성결의 영 ⋯ 94

6. 교회: 성령의 공동체 ⋯ 108

7. 교회 예배 ⋯ 129

8. 세례와 성찬 ⋯ 146

9. 그리스도인의 소망과 종말 ⋯ 165

10. 그리스도인의 삶 ⋯ 178

찾아보기 ⋯ 186

책머리에

이 책은 푸에르토리코를 비롯해 다른 몇몇 지역 교회 지도자들 사이에 기독교 신앙을 소개하는 자료가 필요하다는 점에 대한 우려가 커지면서 탄생했습니다. 다양한 기독교 교파와 신학적 입장 차이의 존재를 인정하는 한편, 보편 교회가 대체로 이해하고 견지하는 기독교 신앙을 소개하는 입문 자료가 필요하다는 것입니다. 이런 의견은 푸에르토리코의 인터아메리카 대학교와 히스패닉 신학 교육협회(AETH) 후원으로 푸에르토리코의 여러 교파와 교회 기관 지도자들이 모인 집회에서 나오기 시작했습니다. 그와 같은 자료 서적 집필자로 초빙된 필자는 각 장을 완성할 때마다 각 교파에서 선정한 대표들에게 원고를 보내, 집필 내용에 관해 의견을 모으고 이들이 의도한 책을 완성하는 데 도움을 받았습니다. 그렇게 이분들의 제안과 수정 사항을 참작해서 최종 원고를 마련했습니다.

이런 노력의 결과로 푸에르토리코 인터아메리카 대학교와 히스패닉 신학 교육협회의 후원, 그리고 여러 다양한 교파의 인준 아래 스페인어 책이 발간되었습니다. 푸에르토리코 기독교회(그리스도의 제자들), 푸에르토리코 감리교회, 나사렛 교회, 복음주의 루터교회, 미시건 예수 그리스도의 오순절 교회, 푸에르토리코 침례교회, 하나님의 교회(클리블랜드), 미국 장로교 산 후안 노회를 비롯해, 푸에르토리코 성서공회, 캐리비언 신학대학교, 라틴 아메리카 교회 회의 소속 지역 지부 등 푸에르토리코의 여러 기관과 단체가 이 책을 인준해 주었습니다. 첫 발간 후 다른 몇몇 단체도 이 책을 인준해 사용해 왔습니다.

이 책을 영어로 번역할 때, 늘 그랬듯 필자는 달라진 독자들에게 맞춰 책을 각색하는 작업을 하는 동시에, 원래 내용을 최대한 유지할 수 있도록 노력했습니다. 이러한 노력은 좋은 결과를 얻을 수도 있고 그렇지 못할 수도 있습니다.

이제 이 책을 영어권 독자들에게 선보이면서, 필자의 저작이라기보다는 푸에르토리코 교회가 세계 교회에 드리는 선물로서 내놓습니다. 우리, 곧 처음에 이 책 집필과 발간을 후원한 교회와 기관들, 그리고 필자 자신은 하나님의 은혜로 이 책이 독자 여러분에게 유익함을 입증할 것이라 믿습니다.

독자에게 드리는 공개편지

존경하는 독자에게,

　지식이나 순수 이성, 혹은 논리가 믿음으로 직접 귀결되지는 않습니다. 왜 그런가 하면, 결국 믿음은 인간의 일이 아니라 우리 안에서 성령이 이루시는 일이기 때문입니다. 내게 믿음이 있다면 이는 주로 이성적 논증을 통해 납득했기 때문이 아니라 성령께서 내 안에 일하셨기 때문입니다. 이성이 길을 열어 주는 경우도 분명 있습니다. 이성이 장애물을 무너뜨려 주지 않았다면 믿음을 갖지 못했을 수도 있습니다. 예를 들어, 역사를 통해 그리스도인들은 다신론을 논박하는 아주 강력한 주장들을 펼쳐 왔는데, 그 주장들이 믿음에 이르는 길을 열어 준 덕분에 도움이 받은 이들이 많습니다. 하지만 만약 다신론자가 회심한다고 할 때 이 회심의 주된 이유는 그 사람 마음속에서 진행된 성령의 역사입니다. 이것이 바로 전혀 예기치 못했고 그럴 마음조차 없었을 때 예수 그리스도를 알게 되었다고 그렇게 많은 그리스도인이 빈번히 간증하는 이유입니다.

그렇다고 해서 믿음 생활에서 사람의 지성(mind)이나 이해력이 아무런 위치도 차지하지 못한다는 말은 아닙니다. 오히려 우리 주 예수 그리스도께서는 뜻(mind)을 다해 하나님을 사랑하는 것이 크고 첫째 되는 계명이라고 말씀하십니다. 이는 지성이 우리를 이끌어 믿음에 이르게 하는 문제가 아닙니다. 그보다는, 믿음이 우리를 이끌어 하나님의 의도에 따라 우리 지성을 활용하게 합니다. 이 사실을 누구보다 명쾌하게, 혹은 깊이 있게 표현한 사람은 아마 믿음 안에서 우리의 형제인 캔터베리의 안셀무스일 것입니다. 거의 천여 년 전, 자신의 책 첫머리 기도문에서 안셀무스는 이렇게 말했습니다. "주님, 저는 주님의 장엄한 높이에 이를 생각이 없습니다. 그 높이에 비할 때 저의 생각(mind)은 아무것도 아니기 때문입니다. 다만 어떤 식으로든 주님의 진리를, 제 마음이 믿고 사랑하는 그 진리를 알고 싶습니다. 저는 믿기 위해서 이해하려는 것이 아니라, 오히려 이해하기 위해 믿고자 합니다." 여기서 안셀무스가 하는 말은, 첫째, 믿기 위해서 꼭 이해를 해야 하는 것은 아니며, 둘째, 누구든 참으로 믿는 사람은 이해하려고 한다는 것입니다. 이 두 가지를 차례로 살펴보기로 합시다.

첫째, 믿기 위해서 반드시 이해를 할 필요는 없다는 것은 분명합니다. 수많은 신자의 경험과 다르지 않다면, 내가 믿음에 이르게 된 것은 누군가가 논박할 수 없는 주장으로 나를 이해시켰기 때문이 아니라, 성령께서 나를 감동시켜 믿게 만들었기 때문일 것입니다. 이해는, 주님의 일들을 궁금히 여겨 질문하고 알아봄에 따라 나중에 생겨납니다. 어떤 사람이 사랑에 빠진다면, 이는 반박할 수 없는 어떤 논증에 따라 이 사람이야말로 내가 사랑해야 할 사람이라고 납득했기 때문이 아니며, 면밀한 계산 끝에 이 사람이야말로 내가 인생을 함께할 최선의 사람이라는 결론에 이르렀기 때문도 아닙니다. 사람이 사랑에 빠지는 것은 그저 설명할 수 없는 "왜냐하면" 때문입니다. 마찬가지로, 어떤 사람이 믿음에 이르는 것은 그 믿음을 입증하는 일련의 합리적 논증을 통해서가 아니라, 성령께서 예의 그 설명할 수 없는 "왜냐하면"으로써 그 사람을 믿음으로 이끄시기 때문입니다. 하나님의 도움 없이 믿음을 가지려 하는 것은 어리석은 짓입니다.

두 번째 논점은 첫 번째와 연결됩니다. 누구든 정말로 믿는 사람은 이해를 추구한다는 것입니다. 설령 그렇게 하라는 명령이 없다 하더라도, 믿음이 우리 삶의 중심이 되었고 믿음을 생각하고 궁리하지 않고는 살 수 없기 때문에 우리는 믿음을 알고 싶어 합니다. 마찬가지로, 어떤 사람이 사랑에 빠지면, 비록 머리로는 이해할 수 없는 이유 때문에 이런 일이 벌어졌다 해도, 자기가 사랑하는 사람을 좀 더 깊이 이해하려고 합니다. "나는 당신을 매우 사랑합니다. 하지만 당신이 누구인지 혹은 어떤 사람인지, 무엇을 좋아하는지 나는 개의치 않고, 당신을 더 잘 알고 싶지도 않습니다"라고 말한다면, 이는 상대의 기분을 헤아리지 않는 위선이라고 할 수 있을 것입니다. 더 나아가서, 사랑하는 사람에 대해 잘 모르면 그 사람에게 그릇된 기대를 가질 수 있습니다. 마찬가지로, 믿음을 가진 사람이라면, 하나님을 향해 "주님을 사랑합니다. 하지만 주님이 누구시며 어떤 분이신지 사실 별로 알고 싶지 않습니다. 왜냐하면 주님을 사랑하고 주님을 믿는 것으로 충분하기 때문입니다"라고 말할 수 없습니다. 이것이 바로 안셀무스가 "어떤 식으로든 주님의 진리를, 제 마음이 믿고 사랑하는 그 진리를 알고 싶습니다"라고 말한 이유입니다.

여기까지 말씀드렸으므로 이제 이 책의 목적이 분명해졌을 것입니다. 저는 독자를 설득해 믿음을 가질 수 있게 하기를 바라지 않습니다. 그건 성령께 맡겨야 할 일입니다. 이 글을 쓰는 이유는, 제가 어떤 믿음에 따라 살고 있는지 알려 드리고 그 믿음을 나누기 위해서입니다. 이 글을 쓰는 이유는, 우리 마음이 믿고 사랑하는 이 진리를 좀 더 잘 알기를 추구할 때 제가 누리는 기쁨을 당신과 나누기 위해서입니다.

그런데 이 부분에 이르기까지 저는 단수(單數)로서의 독자를 향해 말했지만, 기독교 신앙은 언제나 공동체 단위로 구현됩니다. 우리의 형제 존 웨슬리는 약 삼백 년 전 잉글랜드에 살던 인물로서, 외톨이 그리스도인은 있을 수 없다고 거듭 말했습니다. 우리 믿음의 형제자매 중에는 세상에서 물러나 홀로 거룩함을 추구하는 것이 그리스도인의 삶을 사는 가장 좋은 길이라고 생각하는 이들이 간혹 있었습니다. 하지만 이 사람들은 결국 깨달았습니다. 예수님의 말씀에 따르면, 하나님 사랑 다음에 있는 두 번째 지상명령은 이웃 사랑이라는 사실을 말입니다. 이 명령을 성취하려면 우리가 서로 관계를 맺고, 상호 간에 돕고 서로 잘못을 바로잡아 주면서 공동체를 이루어 살아야 합니다. 이제 이 책에서 살펴보겠지만, 이는 교회 곧 믿음의 공동체가 그리스도인 삶의 피할 수 없는 근본 요소라는 뜻입니다. 여기서는, 이 책에서 유익을 얻고자 한다면 다른 형제자매와 함께 읽는 게 좋다고 하는 말로 충분할 것입니다. 이 책을 진지하게 대하는 만큼 형제자매를 진지하게 대하십시오. 아니, 더 진지하게 대하면 대할수록 더 좋습니다. 이 책을 함께 공부하는 과정에서 우리 마음이 믿고 사랑하는 이 믿음을 이해할 수 있도록 가장 큰 도움을 주는 존재가 바로 이 사람들입니다. 아마 이 여정에서는 이 책이나 다른 어떤 책보다도 바로 이 동행들에게서 가장 많은 것을 배우게 될 것입니다. 이것이 바로 각 장 끝에 토론을 위한 질문을 배치한 이유입니다. 그런 토론과 나눔을 통해 우리의 믿음을 더 잘 알게 되는 것, 그리고 무엇보다도 그 믿음을 삶으로 잘 살아 낼 수 있는 것이 저의 바람입니다.

그러므로 이 책을 읽으라고 그대를 초대합니다. 어쩌면 집에서 혼자 조용히 읽을 수도 있겠지요. 하지만 믿음의 형제자매와 함께 읽고 토론하는 것도 좋습니다. 앞에서 인용한 우리 믿음의 선조 안셀무스의 말처럼, 믿기 위해서 이해하려는 것이 아니라 우리 마음이 믿고 사랑하는 이 진리를 좀 더 잘 알기 위해 믿으려 한다는 그런 동일한 마음으로 함께 읽기를 권합니다.

주님께서 그대에게, 그리고 이 여정 내내 그대와 동행하는 이들에게 복 주시기를 빕니다.

들어가는 말

믿음 이해하기

변화하는 교회

오늘날 교회는 육칠십 년 전에는 예측할 수 없었던 위기에 직면해 있다. 천육백 년 동안 교회는 이 문제에 관해 크게 염려할 필요가 없었다. 대다수 사람들이 믿음에 관한 지식을 지녔기 때문이다. 사회 전반이 대개 기독교 사회였고, 교회와 국가가 분리된 곳이 많긴 했어도 학교나 사회 관행, 가족 전통, 정치 등의 사회 제도는 일반 대중이 기독교에 관해 상당한 지식을 갖는 데 도움이 되었다. 대다수 서양 사회에서는 신자들뿐만 아니라 불신자들도 성경의 핵심 가르침, 계명, 예수와 제자들 이야기를 잘 알았다.

사회에서 이렇게 기본 기독교 교육이 이뤄졌기에 교회는 이에 대해 별로 할 일이 없었다. 아니, 무언가 많은 일을 해야 한다고 생각하지 않았다. 교회에 나오는 사람들은 교회의 가르침을 많이 알고 있었고 그 가르침이 무엇에 관한 것인지도 알고 있었다. 이런 상황에서는 조금 더 많이 알고자 하는 사람들을 위해 주일학교나 어쩌면 일주일에 한 번 성경 공부 시간을 갖는 것만으로도 충분해 보였다. 새 신자가 교회에 등록하고자 할 때면 몇 가지 수업만으로 충분했고, 그런 수업에서도 일반적인 기독교 교리를 다룰 필요는 없었고, 그보다는 그 교회가 속한 특정 교파에서 강조하는 교리와 교회 정치를 더 많이 다루었다.

오늘날에는 상황이 철저히 달라졌다. 우리 사회에는 기독교가 무엇인지 전혀 모르거나 별로 아는 게 없는 이들이 점점 많아지고 있다. 성탄절은 선물을 주고받거나 돈을 쓰는 날이고, 부활절은 토끼가 가져다주는 색색의 달걀을 받는 날이 되어 버렸다. 형편이 이렇다 보니 기독교는 도덕을 잘 지키며 살다가 천국 입장권을 받는 종교 정도가 되었다.

그러나 그런 변화에도, 비교적 전통적인 우리 시대 교회들은 여전히 오래된 양식(樣式)과 관행으로 교회 회원이 되고자 하는 사람들을 준비시킨다. 감리교회에 등록하고자 하는 사람은 오늘날에도 기독교의 중심 교의보다는 연대주의*, 연회, 감독, 위원회, 존 웨슬리 이야기를 더 많이 듣게 된다. 장로교인이 되고자 하는 사람 역시 기독교의 핵심 교의보다는 장로교 정치 형태, 개혁파 전통에서 중시하는 독특한 교리를 더 많이 배운다. 기독교가 무엇인지, 오늘날 세상에서 그리스도인으로 사는 데 따르는 어려움이 무엇인지 이 사람들이 이미 알고 있다고 전제하고, 감리교인 혹은 장로교인이 된다는 게 무슨 의미인지만 배우면 된다고 생각하는 게 분명하다.

- 연대주의(connectionalism): 모든 지도자와 회중이 충성과 헌신의 네트워크로 연결되어 지역 교회를 지원하고 어려움이 없게 해 준다는 감리교의 원칙—옮긴이

한편, 수많은 요소들, 특히 인구 변화가 교회의 형세를 근본적으로 바꾸어 놓았다. 이곳 미국에서는 특히 라틴계 사람들이 모이는 개신교회에서 이런 현상을 볼 수 있다. 삼사십 년 전, 교인 수 이삼십 명 정도 교회가 한두 곳뿐이었던 지역에 이제는 교회가 열두 곳이나 되고, 그중엔 교인 수가 수백 명인 교회도 많다. 대개는 오순절 교회나 독립교회다. 얼핏 봐도 이런 교회들은 좀 더 전통적인 교파들이 맞닥뜨린 도전을 비껴가고 있음을 알 수 있지만, 사실은 이 교회들 역시 믿음에 대해 좀 더 알아야 한다는 긴박한 필요성을 절감하고 있다. 이 교회들이 주변 환경에서 직면하는 어려움은 한두 가지가 아니다. 지역 사회의 형편은 대개 비참하고 개선될 기미가 없다. 이는 단지 범죄와 실업 문제에 불과한 것이 아니다. 법의 사각지대에 있는 사람들은 언제 추방당할지 모르는 두려움을 안고 살아야 하고, 가정과 지역 사회에서는 걸핏하면 폭력 사태가 벌어지고, 점점 높아지는 실업률은 빈곤을 낳고 사람들은 굶주림에 시달리다 절도까지 저지른다.

게다가 이런 형편의 와중에서 교회들은 이상한 교리나 성경과 성경의 메시지에 관한 가상의 "발견"에 쉴 새 없이 폭격을 당한다. 각종 매체에서도 기독교가 다양하게 왜곡되는 것을 볼 수 있다. 많은 미국인의 경우, 어떤 사람이 그리스도인을 자처할 때 이는 믿음이나 신앙 체험이나 헌신보다는 정치적 입장과 훨씬 더 관계가 깊다. 그리고 이런 견해가 완전히 틀리지는 않다. 급속히 성장 중인 여러 교회를 보면, 그리스도의 십자가와 부활, 승천의 중요성에 관해서는 별로 가르치지 않고 사회 부패 및 이를 피하거나 바로잡아야 할 필요성에 관해 더 많이 이야기하기 때문이다. 내가 잘 아는 몇몇 라틴 교회에서는 믿음이 부족하기 때문에 고난을 당하는 것이라는 식의 이야기를 빈번히 하는데, 이는 예수님의 고난, 순교자들의 증언, 우리 믿음의 조상들이 마주한 수많은 난관을 간과하는 태도다. 이런 견해를 가진 어떤 이들은 심지어 십일조를 잘 드리고 믿음을 지키면 경제적으로 부유하게 된다고 신자들에게 약속하기까지 한다. 어떤 이들은 주님께서 다시 오실 날짜와 시간을 정확히 알려 주는 신비한 열쇠를 발견했다고 주장한다. 또 어떤 이들은 자신의 믿음이, 하나님께 자기가 원하는 것을 요구할 수 있고 그러면 하나님이 이를 들어주실 정도의 믿음이라고 주장한다. 믿음에 대한 지식이 별로 없는 교회 신자들은 이런 주장에 어떻게 대처해야 할지 몰라 당혹스럽다.

이 모든 일에서 우리는 1세기 교회와 비슷한 처지에 있는 우리 모습을 보게 된다. 1세기 교회는 일반 사회가 사람들에게 기독교 신앙을 교육시켜 줄 거라 기대할 수 없었다. 오늘날 학교와 각종 매체에서 예수 그리스도 이야기가 아니라 빨간 코 사슴 루돌프와 알록달록한 달걀과 토끼 이야기만 듣게 되는 것처럼, 고대 사람들도 예수 그리스도가 아니라 제우스, 포세이돈, 아테나 이야기만 듣곤 했다. 초대 교회는 그 구성원들을 가르치고 신자로 빚어 나갈 방도를 찾아야 했다. 이는 오늘날 교회도 마찬가지다.

비교적 전통적인 교파에 속해 있어서 미처 실감하지 못하는 이들이 있긴 하지만, 기독교는 소수자 집단 안에서 비약적으로 성장하고 있다. 이 점에서도 오늘날 교회 상황은 1세기 기독교가 박

해당하고 주변부로 밀려나면서도 급속히 성장한 것과 비슷하다. 그 성장 속도가 얼마나 빨랐던지 기독교가 로마 제국의 몇몇 대도시에 어떻게 전파되었는지 규명하기가 불가능할 정도다. 그보다 더 먼 곳까지 어떻게 전파되었는지는 말할 것도 없다. 초기 몇 세기 동안 기독교는 여러 가지 이유로 많은 사람의 마음을 끌었다. 오늘날 기독교가 많은 사람, 특히 소수 인종에게 관심을 끄는 것과 비슷하다. 하지만 바로 그 매력, 그리고 그 결과로 이뤄지는 성장 때문에 기독교의 진짜 핵심을 위협하는 이상한 교리와 관행이 급격히 확산되었다. 어떤 이는 예수 그리스도가 사실은 육체로 오신 게 아니라 일종의 영적 환상이며, 인간의 몸 비슷한 것을 지닌 순전히 천상의 존재였다고, 따라서 그분의 고난은 진짜가 아니었다고 말했다. 또 어떤 이는 구약성경과 신약성경은 저마다 다른 하나님을 선포할 정도로 현저하게 다르다고, 그래서 창조의 하나님, 아브라함과 사라와 선지자들의 하나님은 그리스도인이 믿는 지고한 하나님과 다른 분이라고 주장했다. 또 어떤 이들은 구원에 이르는 유일한 열쇠를 제공하는 비밀한 지식을 자신이 가졌다고 주장했다.

교회는 구성원들이 어떤 허무맹랑한 교리에도 휩쓸리지 않을 만큼 자신의 믿음에 대해 확실히 알고 이해할 수 있게 함으로써 그와 같은 혼란에 대처했다. 이는 주로 세례를 준비하는 체계를 통해 이뤄졌으며, 이렇게 해서 누구든 교회의 일원이 되고자 하는 사람은 참된 교리와 거짓 교리를 구별할 수 있게 되었다. 보통 이 준비 과정은 적어도 이 년은 걸렸다. 그리고 이 과정이 끝날

즈음이 되면 교회는 예비 교인들이 자기가 지금 무엇을 하고 있는지, 앞으로 어떤 대가를 치를 수도 있는지 확실히 알고 있다고 확신할 수 있었다.

이 책의 목적도 그와 다소 비슷하다. 우리는 복잡한 문제나 추상적 사색은 다루지 않을 것이다. 그보다 기독교회의 믿음은 무엇이며 수 세기에 걸쳐 어떻게 전개되어 왔는지, 그리고 그 교리들이 오늘날 우리에게 왜 중요한지를 다룰 것이다. 우리의 목적은 베드로전서 3장 15절의 조언을 따르는 것이다. "너희 속에 있는 소망에 관한 이유를 묻는 자에게는 대답할 것을 항상 준비하되." 그리고 우리 시대에 넘쳐나는 그 어떤 거짓 신들에게도 미혹되지 말아야 할 이유를 확실히 깨닫게 하는 것 또한 우리의 목적이다.

믿음이란 무엇인가?

'믿음'(faith)이란 말에는 적어도 두 가지의 비슷하지만 서로 다른 의미가 있다. 믿음이 있다고 말할 때 우리는 주로 우리가 생각하거나 믿는 것을 말하는 게 아니라 우리가 믿는 존재에 대한 신뢰를 가리킨다. 학생이 교수에 대한 믿음이 있다고 말한다면 이는 그 교수가 존재한다고 확신한다는 뜻이 아니라, 교수가 하는 말과 설명을 신뢰한다는 뜻이다. 마찬가지로, 우리가 하나님에 대한 믿음이 있다고 말한다면, 이는 주로 하나님이 존재한다고 믿는다는 말이 아니라 하나님을 신뢰한다는 뜻이다. 학생이 교수를 신뢰하려면 당연히 그 교수가 존재한다고 확신해야 한다. 마찬가지로, 하나님을 믿는 믿음이 있으려면 하나님이 존재하신다고 확신해야 한다. 하지만 교수가 존재함을 안다는 것과 이 교수에 대해 믿음을 갖는다는 것은 똑같은 말이 아니다. 그리고 하나님이 존재하심을 믿는다는 것은 하나님을 믿는다는 것과 똑같은 말이 아니다.

이런 맥락에서 주목할 만한 흥미로운 사실은, 우리가 사도신경이라고 부르는 신앙고백에서는 "나는 ~라고 믿습니다"(I believe that)라고 하지 않고 "나는 ~을 믿습니다"(I believe in)라고 한다는 점이다. 만물의 창조주이신 하나님이 계신다고 믿고, 그분의 아들 예수 그리스도가 육신을 입고 살다가 죽고 다시 사셨다고 믿고, 성령이 하나님이시라고 믿으면서도, 분명히 존재하신다고 믿는 이 하나님께 대한 '믿음'은 없을 수도 있다. 믿음을 가지려면, 전능하신 아버지 하나님, 그분의 아들 예수 그리스도, 그리고 성령을 신뢰해야 한다.

이 말에는 설명이 조금 필요하다. "~을 믿는다"라는 말은 무엇보다도 자신이 믿는 대상을 의지한다는 뜻이다. 이는 그 존재를 신뢰하느냐의 문제다. "~라고 믿는다"라는 말은 무언가가 사실일 것이라고 확언한다는 뜻, 때로는 그저 사실일 가능성을 인정한다는 뜻이다. "내일 비가 올 거라고 믿는다"라고 말한다면, 이는 그저 하나의 의견, 어쩌면 소망이나 염려를 표현할 뿐이다. 내일 내릴 거라고 믿는 그 비에 자신의 전 생애를 바칠 생각은 전혀 없다. 마찬가지로, "나는 하나님이 존재한다고 믿는다"라고 말한다면, 이는 단지 하나의 생각을 단언하는 말이지, 이 하나님의 손에 자신의 전 삶을 맡기겠다는 의지를 선언하는 말은 아니다. 야고보서에서는 이 점을 아주 분명히 한다. "네가 하나님은 한 분이신 줄을 믿느냐 잘하는도다 귀신들도 믿고 떠느니라"(2:19). 귀신들은 하나님이 존재하신다고는 믿지만 하나님을 믿지는 않는다.

한편, 하나님'을' 믿는다고 할 때 이 말의 의미를 제대로 이해하고 말하는 것이라면, 이는 이 하나님께 우리의 삶을 의탁할 각오가 되어 있다고 선언하는 것이다. 이는 단순히 하나님이 존재하신다고 아는 문제가 아니라, 무엇보다도 이 하나님이 우리의 전적인 신뢰를 받을 만한 분이심을 깨닫는 것이기도 하다(이 점을 더 분명히 하기 위해 어쩌면 하나님을 신뢰한다[believe on]고 말해야 할 때도 있다!).

일상생활에서 우리는 흔히 '믿는다'(in)와 '신뢰한다'(on)는 말을, 우리를 규정하는 하나의 확신과 하나의 현실이라는 의미에서 사용한다. 우리가 땅 위에(on land) 있다고 말한다면, 이는 그 땅이 우리 발을 지탱하고 있다는 뜻이다. 우리가 극장에(in theater) 혹은 뉴욕에(in New York) 있다고 말한다면, 이는 극장이나 뉴욕이라는 도시가 우리가 현재 존재하는 현실이라는 뜻이다.

이런 이유로 신약성경은 '그리스도 안에 있다는 것'(being in Christ)에 대해 자주 말한다. 이는 단순히 그리스도가 존재한다고, 더 나아가서 그분이 죽었다가 다시 살았다고 믿는다는 말이 아니다. 이 말에는 그 이상의 함축적 의미가 담겨 있는 게 확실하다. 우리가 극장에 있다고 말하면 극장이라는 현실이 우리를 규정한다는 뜻이고, 우리가 어떤 땅에 있다고 말하면 그 땅이 우리의 육신을 지탱하고 있다는 말인 것처럼, 그리스도 안에 있다는 말도 그와 같은 방식으로 우리의 현실을 강조한다.

더 나아가서, '~ 안에 있다'(being in)는 것은 '무언가에 에워싸여 있다', 혹은 '무언가에 잠겨 있다'는 뜻이기도 하다. 그래서 우리는 물고기가 바다에(in sea) 산다고, 우리는 공기 중에(in the atmosphere) 산다고 말한다. 그리스도 안에 있다는 성경의 언급 또한 이런 의미로 이해해야 한다. 그리스도 안에 있다는 것은 마치 물이 물고기를 에워싸고 있듯이 그분이 우리를 에워싸고 있어서 우리가 그분에게 잠겨 있다는 뜻이다.

간단히 말해, 믿음이란 무엇보다도 "~을 믿기"다. 이는 우리가 믿는 하나님을 신뢰하는 것이다. 이는 우리 삶의 안전이 확보될 만큼 하나님의 사랑과 권능이 크다는 것을 알고 그 하나님의 품에 우리 자신을 내맡기는 것이다.

이는 존 웨슬리가 아메리카 조지아에서 한 목사를 만났을 때의 일화에서 명확해진다. 당시 존 웨슬리는 신학을 공부하고 사제로 임명받은 지 오래였으나 아직 믿음 안에서 평강을 누리지 못하고 있었다. 웨슬리는 이 목회자와의 만남에 대해 이렇게 기록한다.

… [그가] 물었다. "예수 그리스도를 아십니까?" 나는 잠시 뜸을 들이다가 대답했다. "그분이 세상의 구주시라는 건 알고 있지요." "맞습니다. 그런데, 그분이 선생님을 구원하셨다는 걸 알고 계십니까?" 나는 이렇게 대답했다. "그분이 나를 구원하려고 죽으셨기를 바랍니다." 그는 이렇게만 덧붙였다. "선생님 자신을 아세요?" 나는 "네, 알지요"라고 대답했다. 하지만 그건 공허한 말 같았다(『일지』, 1736년 3월 7일).

달리 말해, 웨슬리는 "~라고" 믿기는 했지만, "~을" 믿지는 않았다. 이것만으로는 충분하지 않다.

그런데, "~을 믿기" 위해서는 "~라고 믿기"가 꼭 필요한 것도 사실이다. 존재한다는 사실 자체가 확신이 안 되는 하나님을 전적으로 신뢰할 수는 없다. 앞에서 언급한 학생의 경우, 최소한 교수가 존재한다고, 교수는 자신이 무슨 말을 하는지 알고 있다고, 교수는 진실을 말하고 있다고 확신하지 않는다면 그 교수를 전적으로 신뢰할 수 없다. 마찬가지로, 하나님을 믿는다는 말이 무슨 뜻인지 알고 그 엄밀한 의미대로 하나님을 믿기 위해서는 하나님이 존재하신다는 사실뿐만 아니라 이 하나님이 권세 있고 사랑 많으신 하나님이라는 것 또한 확신할 필요가 있다. 이렇게, "~을 믿기"에는 "~라고 믿기"보다 훨씬 많은 의미가 있지만, 후자가 없으면 전자도 존재할 수 없는 게 사실이고, 이 두 가지 '믿기'는 저마다 서로의 원인이 된다.

무엇을 믿으며 어떻게 믿는지는 그 사람의 삶 및 경험과 관계가 깊다. 어린아이는 엄마를 신뢰한다. 즉, 엄마를 믿는다. 하지만 그 신뢰는 다양한 계기와 경험을 근거로 하며, 이 계기와 경험을 통해 아이는 어머니에 관해 배워 왔다. 이런 경험들로 아이는 엄마를 선하고 다정한 존재로, 그런 특성들을 지닌 존재로 신뢰하게 된다. 다시 말해, 엄마를 신뢰하기 위해 아이는 엄마가 사랑 많은 사람이며 엄마가 자신을 보호하고 지켜 주리라는 것을 알고 믿어야 한다. 한편, 아이가 엄마에게서 왜곡된 가치를 보게 되면, 엄마에 대한 신뢰 때문에 오히려 길을 잃게 된다. 엄마를 정말로 믿기 위해서 아이는 엄마를 알아야 한다. 엄마에 대한 신뢰로 아이가 어떤 일을 하느냐는 상당 부분 아이가 엄마를 어떤 식으로 이해하느냐에 달려 있다. 아이가 사실 엄마를 잘 모르고, 엄마가 줄 수 없는 사랑을 기대하거나 엄마가 생각하기에 아이에게 유익하지 않은 관대함을 기대한다면, 이는 의심과 좌절이라는 결과를 낳을 것이고 이 의심과 좌절은 어쩌면 평생 갈 수도 있다.

마찬가지로, 하나님을 믿기 위해서는, 즉 하나님을 신뢰하기 위해서는 하나님이 존재하신다고 믿어야 한다. 하지만 이것만으로는 충분치 않다. 하나님을 알아야 하고, 하나님이 선하고 권세 있고 사랑 많은 분이시라는 것을 알아야 한다. 이것을 알아야만 하나님께 대한 신뢰가 하나님의 뜻을 행하는 행동으로 이어질 수 있다. 하나님에게서 복수심 가득한 재판관의 모습만 보는 그릇된 "~라고 믿기"는 결국 타인을 최대한 가혹하게 비판하는 것만을 자기 할 일로 여기는, 적의(敵意) 가득한 믿음으로 귀결된다. 여기에도 엄마와 아이 비유가 적용된다. 아이가 자라감에 따라 엄마에 대한 이해도 자라며, 엄마에게 기대할 수 있는 것은 무엇이고 기대할 수 없는 것은 무엇인지 깨달아 감에 따라 엄마에 대한 신뢰는 더욱 견고히 자리 잡는다. 마찬가지로, 신자가 하나님을 더 잘 알게 되면 하나님께 대한 믿음과 신뢰는 그만큼 과녁에 가까워진다.

그러므로 "~라고 믿기"와 "~을 믿기"는 씨실과 날실로 엮인다. "~라고 믿기"는 "~을 믿기"를 향상시키고 강화하며, 이어서 "~을 믿기"도 "~라고 믿기"를 향상시키고 강화한다. 달리 말해, 하나님을 더 잘 알수록 우리는 하나님을 더 신뢰하고 의지할 수 있다. 그리고 하나님을 더 신뢰할수록 우리는 하나님을 더 잘 알게 된다.

교리 이해하기

어떤 면에서 "~을 믿기"와 "~라고 믿기"의 관계는 믿음과 교리가 연관되는 방식과 유사하다. 믿음은 하나님을 신뢰하는 자세인 반면, 교리는 우리가 지니는 개념이나 입장이다. 믿음은 구원하지만, 교리는 구원하지 않는다. 교리는 자연히 확신과 신념으로 이어질 수 있지만, 항상 믿음에 이르게 하는 것은 아니다. 믿음은 하나님과의 관계이고, 교리는 하나님에 관해 말해 준다.

"~을 믿기"가 "~라고 믿기"를 어느 정도 요구하는 것처럼, 참 믿음은 우리가 믿는 이 하나님의 속성을 이해하고 명료히 설명할 수 있게 해 주는 교리로 표현되며, 그렇게 해서 참 하나님을 세상의 다른 많은 우상과 혼동하지 않게 도와준다.

이 시점에서 교리의 본질과 기능을 분명히 해 둘 필요가 있다. 오늘날에는 특정 종교의 교리와 아무 상관 없이 살고 싶어 하는 이들이 많다. 교리가 종종 어떤 식으로 사용되어 왔는지를 생각하면 정말 그들을 이해할 만도 하다. 때로 교리는 모든 일에 만장일치를 강요하는 무기로 휘둘러진다. 하지만 이는 교리의 진정한, 혹은 올바른 역할이 아니다.

교리의 목적과 기능을 명확히 알기 위해서는 실례를 들어 보는 게 바람직하다. 우리 모두가 사방이 절벽으로 에워싸인 높고 넓고 기름진 고원에 살고 있다고 가정해 보자. 그 고원에서 우리는 다 자유롭게 돌아다닐 수 있다. 어떤 사람은 어느 한 지역을 다른 지역보다 좋아한다. 어떤 사람은 그늘을 찾아다니는 반면, 어떤 사람은 햇살을 찾아다닌다. 고원 자체가 아름다워서 우리는 이 고원을 탐구하지 않을 수 없고, 힘을 다해 이 고원에 대해 알리고 한다. 그런데 어느 날 고원을 탐험하던 사람이 절벽에 너무 가까이 다가갔다가 발밑의 돌이 무너지는 바람에 절벽 아래로 떨어지고 말았다. 이 비극적 사건 후 우리 고원 사람들은 이 구역이 위험하다고 다른 사람들에게 경고하려고 절벽 근처에 울타리를 두른다. 그런데 어느 날 반대편 절벽에서 비슷한 사고가 또 일어난다. 이에 대한 대책으로 우리는 다시 울타리를 둘러, 숨겨진 위험을 경고한다. 그렇게 울타리를 두르는 목적은 고원 주민들의 자유를 제한하려는 것이 아니라, 오히려 그 반대다. 위험 지역이라고 경고하는 울타리가 있으면 사람들이 위험을 무릅쓰고 그곳에 들어가는 일이 없을 것이고, 그럼으로써 울타리는 우리에게 자유를 주어, 두려움 없이 고원의 여러 지역을 돌아다닐 수 있게 해 주고, 창의력을 발휘해 여러 가지 활동을 할 수 있게 해 준다.

이것이 교리의 올바른 역할이다. 제대로 알고 활용하기만 한다면 교리는 우리가 무엇을 믿어야 하는지 굳이 정확히 말해 주려고 하지 않는다. 그보다, 그 절벽처럼 믿음이라는 고원의 안전한 경계 너머로 우리를 데려갈지도 모르는 일부 교의와 신앙에 관해 우리에게 경고하려는 것이 교리의 목적이다. 이 책 도처에서 우리는 이것이 사실임을 입증하는 여러 사례를 보게 될 것이다. 여기서는 한 가지 교리를 예로 들어 보겠다. 그 교리는 바로 예수 그리스도의 위격이다. 과거에는 예수 그리스도와 그분의 신성을 너무 높이려고 한 나머지 그분을 진정한 인간이 아닌 어떤 환영(幻影)으로 만들어 버린 사람들이 있었다. 이런 의견에 반대하는 또 어떤 이들은 구주의 참된 인성을 단언하는 울타리를 세웠다. 또 다른 극단에는 예수의 인성을 너무 강조하다가 그분의 신성을 부인하는 이들이 있었다. 이런 견해 때문에 결국 그 신성을 확언하는 울타리가 세워졌다. 내가 이런 예를 드는 것은, 우리가 예수님을 모두 동일한 방식으로 이해해야 한다고 말하려는 게 아니다. 그 가상의 고원에서 어떤 사람은 그늘을 좋아하고 어떤 사람은 햇볕을 찾아다니는 것처럼, 교회에도 늘 예수의 인성을 강조하는 사람이 있고 예수의 신성을 강조하는 사람이 있다. 이들이 안심하고 자유로이 그렇게 할 수 있는 것은 바로 양극단의 절벽에 관해 경고하는 교리의 울타리가 있기 때문이다.

말이 나온 김에 한마디 더 하자면, 이는 우리가 '이단'이라고 부르는 사람들에 관해 다시 생각해 봐야 한다는 뜻이다. 교회 역사의 여러 단계에 등장해 온 유명한 이단들, 특히 처음 몇 세기 동안 나타난 이단들은 믿음을 왜곡하고 사람들을 미혹시키려는 악한 사람들이 아니었다. 이들은 고원을 알아가고 싶은 마음이 너무 강한 나머지 오류에 빠지고 만 탐구자들이었다. 바로 그런 경험이 있었기에 교회는 교리를 공식화해서, 즉 울타리를 세워서 여러 곳에 산재한 위험에 관해 신자들에게 경고하고자 했다.

요약하자면, 교리는 좋은 것이고 꼭 필요하다. 하지만 교리가 어떤 식으로 자주 오용되는지도 반드시 알아야 한다. 우리 믿음을 위협할 수도 있는 절벽에 관해 알려 주려고 교리를 활용하는 게 아니라, 우리 모두가 정확히 똑같은 방식으로 생각해야 한다고 강요하기 위해 교리를 동원하는 사람들이 있다. 이런 경우에 어떤 일이 생기냐면, 절벽 가장자리가 아니라 고원 내부 쪽으로 불필요한 울타리가 자꾸 세워지고, 그래서 고원을 마음껏 돌아다니며 탐구할 자유가 점점 줄어든다. 우리는 마치 하나님의 한계를 정해 그분을 우리의 언어로 묘사할 수 있기라도 한 것처럼 모든 것을 자세하고 꼼꼼히 살피고 설명하려 한다. 그래서 울타리는 위험한 실족을 예방하는 경고 역할을 하기보다, 가축을 모아 가두는 우리가 되어 버리며, 그 안에서 모두 똑같은 의견을 갖도록 강요당한다. 교리라고 하면 자유를 제한하는 것으로 생각하는 이들이 많은데, 교리가 이런 오명을 갖게 된 것은 바로 이렇게 교리를 그릇되게 활용하고 심지어 악용하기까지 하기 때문이다.

그래서 이 책에서 우리가 하려는 일은, 기독교의 주요 교리에 관해 무언가를 설명하려는 것이다. 이 책의 목적은 사람들이 모든 교리에 모두 똑같은 의견을 갖게 하려는 것이 아니다. 그보다는, 하나님께서 성령의 역사를 통해 사람들을 이 믿음의 고원에 두셨는데, 그들이 이 고원에 함께 거하는 다양한 사람들의 공통된 믿음을 이해할 수 있게 도우려는 것이 이 책의 목표다. 이 책은 그 공통의 믿음을 널리 알리고 경험하게 도울 뿐만 아니라 어떤 특정한 부분에서 우리와 생각을 달리하는 믿음의 형제자매들, 아니 앞에서 말한 은유를 계속 사용하자면 그 고원의 다른 지대에 살고 있는 사람들을 이해하고 받아들일 수 있게 도와줄 것이다.

이제 기도하는 마음과 서로 사랑하는 마음으로 기독교의 주요 교리 몇 가지를 연구하는 과정에 들어가 보도록 하자.

생각과 토론을 위한 질문

1. 신앙 깊은 학생이 이제는 공부를 더 하지 않겠다고 한다. 어떤 사람은 교회 학생들에게 대학에 가지 말라고, 혹은 과학을 공부하지 말라고 말한다. 그 이유는, 공부를 많이 하면 믿음이 훼손되리라는 것이다. 그런 사람에게 뭐라고 말해 줄 수 있을까? 공부를 많이 하면 믿음이 성장하는 데 해가 된다고 믿는 데에는 어떤 이유가 있겠는가?

2. 교리란 우리에게 위험을 경고해 주는 울타리라고 생각하는 게 도움이 되는가? 교리를 이런 식으로 활용하면, 우리가 모두 특정한 한 가지 방식으로 생각해야 한다고 강요하는 것이 아니라, 사실은 우리에게 더 많은 자유를 준다는 게 사실인가?

3. 우리에게 절대적으로 필요하다고 여겨지는 울타리, 혹은 교리는 무엇인가? 다시 말해, 기독교 신앙에 없어서는 안 되는 교리는 무엇인가? 목록을 만들어 보라. 이제부터 아마 그 교리들을 논의하게 될 것이다. 이 책을 읽으며 공부해 나가는 동안 그 목록을 다시 살펴보면서 더하거나 뺄 것은 없는지 확인하라.

4. 어떤 사람은 성경이 감독에 관해 말하므로 감독 제도는 꼭 필요하다고 하고, 또 어떤 사람은 고대에는 각 도성의 교회가 자

치(自治)를 했으므로 회중 교회식 교회 정치만이 유일하게 타당한 교회 정치라고 말한다고 가정해 보자. 이런 상이한 믿음은 이 사람들이 서로를 배척할 만한 충분한 이유가 되는가? 여러분이 그 사람들을 배척할 만한 충분한 이유가 되는가? 이외에도 우리 사이에는 어떤 차이점들이 있는가? 그 차이점들에 관해 우리가 할 수 있는 일은 무엇인가?

5. 오늘날 교회를 위협하는 가장 심각한 "절벽", 즉 그릇된 교리는 무엇이라고 생각하는가? 이번에도 목록을 만들어 두고, 이 책을 읽어 나가는 동안 다시 확인하고 생각해 보기 바란다.

1

계시

하나님에 관해 말할 때 우리가 첫 번째로 이야기해야 할 것은, 하나님이 스스로를 드러내시는 것만이 우리가 하나님을 알 수 있는 유일한 길이라는 사실이다. 이는 하나님에 관해 무언가를 알려면 특별한 계시가 있어야 한다는 뜻이 아니다. 그보다는, 하나님을 아는 지식은 하나님께서 우리가 무엇을 알기를 바라시는가에 달려 있다는 뜻이다. 이는 우리가 하나님을 발견하는 문제가 아니라 하나님께서 자기 자신을 우리에게 드러내 보이시는 문제다. 예를 들어, 우리가 자연을 관찰함으로써 하나님을 발견했다고 말한다면, 이는 우리의 특정한 통찰력 때문이 아니라 하나님께서 자연을 통해 자기를 계시하고자 하셨기 때문이다. 예수의 위격에서 하나님을 본다고 할 때도 마찬가지고, 성경이나 우리의 개인적 체험에서 하나님을 본다고 할 때도 마찬가지다. 우리가 이런 수단들을 통해 정말로 하나님을 만나려면 무엇보다도 하나님이 이런 수단들을 통해 자신을 우리에게 알리시기를 바라는 게 필수적이다.

이 문제와 관련해 우리가 두 번째로 이야기해야 할 것은, 하나님의 계시는 언제나 하나님의 속성을 알고 이해할 수 있는 우리의 역량에 따라 조정된다는 것이다. 하나님을 아는 절대적 지식을 갖는 것은 죽을 수밖에 없는 존재인 우리의 능력 밖에 있다. 하나님께서 모세에게 말씀하신 것처럼, "나를[하나님을] 보고 살 자가 없"다(출 33:20). 그래서 계시는 그 자체가 하나님의 은혜의 징표다. 하나님께서는 사랑으로 하나님 자신을 우리에게 알리시며, 그 계시를 받아들일 수 있는 우리의 역량에 맞게 역시 사랑으로 계시를 조정하신다.

스포츠와 교육 영역에서 몇 가지 예를 들면 이를 이해하는 데 도움이 될 것이다. 야구 경기 때 시속 800킬로미터로 공을 던질 수 있는 투수가 있다 해도 그런 공을 잡아낼 수 있는 포수가 없다면 딱히 도움이 안 될 것이다. 교육의 영역에서, 수학 박사 학위를 가진 교사가 초등학교 일학년을 가르친다면 삼각법이나 미적분을 가르칠 수 없다. 투구(投球)도, 아이들 가르치기도, 그것을 받는 사람들의 능력에 맞게 조정해야 한다. 마찬가지로, 하나님의 계시는 이 계시를 받는 우리의 능력에 맞게 조정된다. 하나님의 계시는, 하나님께서 우리의 형편에 자신을 적응시키실 만큼 우리를 사랑하셔서, 먼저 기록된 말씀으로 우리에게 오시고 이어서 육신이 된 말씀으로 오신 결과다. "하나님이 세상을 이처럼 사랑하사…".

자연과 역사에서 볼 수 있는 하나님

하나님은 어디에서 어떻게 계시되는가? 이 점에 관해서는, 하나님이 무엇보다 먼저 우리 마음이 텅 빈 상태에 계시된다고 단언함으로써 이야기를 시작해야 한다. 어떤 종교나 철학을 따르든, 우리는 자신이 불완전한 존재라는 것을 다 알고 있다. 우주만 신비인 게 아니라 삶 자체도 신비다. 신앙에서 도망치는 사람이나 신앙을 받아들이는 사람이나, 자기 외부의 어떤 기준점이 필요하다는 사실을 영혼 깊이 실감한다. 아우구스티누스가 『고백록』 도입에서 말하는 것처럼, "주님은 주님 자신을 위해 우리를 만드셨으며, 주님 안에서 안식할 때까지 우리 마음은 쉬지 못"한다.

우리 자신의 불완전함을 인정하고 그에 따른 솔직한 자세로 주변을 둘러볼 때 우리가 가장 먼저 할 수 있는 말은, 자연에서 하나님을 볼 수 있다는 것이다. 시편 기자의 말처럼 "하늘이 하나님의 영광을 선포하고 궁창이 그의 손으로 하신 일을 나타"낸다(시 19:1). 사도 바울도 이를 알고 똑같이 말한다. "창세로부터 그의 보이지 아니하는 것들 곧 그의 영원하신 능력과 신성이 그가 만드신 만물에 분명히 보여 알려졌나니"(롬 1:20). 꼭 시인이나 상상력 뛰어난 사람이어야만 원자보다 작은 미립자의 신비나 성간(星間) 우주의 광대함에 압도당하는 건 아니다. 그리고 그런 일들을 이해할 수 없는 우리의 무능력에 누구라도 당혹할 수 있다. 시편 기자의 말을 들어 보라. "주의 손가락으로 만드신 주의 하늘과 주께서 베풀어 두신 달과 별들을 내가 보오니 사람이 무엇이기에 주께서 그를 생각하시며 인자가 무엇이기에 주께서 그를 돌보시나

이까"(시 8:3-4).

자연에서 하나님을 봄에 따라 우리는 하나님의 무한한 지혜를 발견하기 시작한다. 자연의 기능을 더 많이 탐구할수록 우리는 자연을 창조하신 분의 지혜에 더 많이 놀라게 된다. 시편 기자가 천체의 움직임에 압도당했다면, 오늘날 우리는 과학자들이 바로 그 천체에 대해, 원자와 미립자에 관해, 또는 세포 하나가 어떤 식으로 그 자체에 완전한 생식 암호를 지니는지에 관해 발견한 내용들에 얼마나 더 압도당하는지 모른다. 무엇보다도, 자연을 깊이 묵상할 때는 시편 기자처럼 하나님의 지혜와 우리의 지혜 사이에 엄청난 틈이 있음을 깨닫도록 하자. 역설적이지만, 자연을 연구하고 자연을 더 많이 알아갈수록 우리가 아는 게 얼마나 보잘것없는지 깨닫고 놀라게 된다.

때로 우리는 자연의 평화로운 아름다움에 마음이 끌리고, 또 어떤 때는 그 장엄한 힘에 매력을 느낀다. 자연을 바라보면서 강물 속 깊은 곳의 잔잔한 아름다움에 위로를 받을 때도 있고, 폭포수의 억제할 수 없는 힘에 할 말을 잃을 때도 있다. 오후의 산들바람은 물론 광포한 폭풍우에서도 우리는 하나님의 권능과 지혜를 본다.

하지만 자연만으로는 충분하지 않다. 자연을 관조하면 감동이 피어오르지만, 이는 당혹스럽기도 하다. 자연에는 생명, 조화, 아름다움만 있는 게 아니라 죽음, 부패, 추함, 난폭함도 있다. 이렇게 자연은 우리에게 하나님의 큰 신비를 가리킨다. 하지만 자연 자체가 하나님의 뜻에 관해서는 결코 많은 것을 말해 주지 못한다. 그러므로 자연에서 하나님의 임재를 분별해 낼 수 있는 방식으로 자연을 이해하기 위해서는 자연 자체가 아니라 그 이상의 안내자가 필요하다.

이것이 바로 고대 이스라엘이 자연 신들을 섬기는 사람들에게 에워싸여 살면서, 하나님은 자연의 하나님이실 뿐만 아니라 역사의 주님이기도 하다고 끊임없이 역설한 이유다. 이스라엘의 하나님은 하늘과 땅을 만드셨을 뿐만 아니라, 이스라엘 자손을 애굽의 멍에에서 해방하시려고 강한 팔로 개입하시기도 했다. 유대교와 기독교 모두 하나님은 역사 속에 늘 존재하시며 행동하신다는 전제에 기반을 둔다. 하나님은 세상이 돌아가게 만들어 놓고 멀찍이 떨어져서 방치하시는 분이 아니다. 그래서 역사를 공부하면 역사 속에서 하나님이 어떻게 행동하셨는지 분별하기 시작할 수 있다. 학교에서 공부하는 역사만 그런 게 아니다. 이는 수많은 제국의 흥망과 침략을 다루는 그런 역사뿐만 아니라, 어쩌면 더 중요한 역사, 즉 우리 각 사람의 삶의 역사와 교회 자체의 역사에도 해당되는 말이다.

하지만 자연과 마찬가지로 역사에도 꼭 하나님 탓으로 돌릴 수 없는 일들이 많다. 역사를 보면 악폐, 폭력에 의한 정복, 종족 학살 사건들이 길게 이어진다. 상황이 그 정도까지는 아닌 곳에도 권력을 남용하는 부패한 정부와 선동가들이 있다. 더 나아가서, 역사를 공부하다 보면 교회 자체도 범죄와 악폐에서 예외가 아님을 알 수 있다. 우리 개인의 역사에도 좋을 때가 있고 나락에 떨어진 듯한 때가 있다. 일하시는 하나님의 손을 볼 때가 있고 불안하고 당혹스러워 하나님께 불충할 때가 있다. 그러므로 역사 속에서 하나님의 임재를 분별할 수 있는 방식으로 역사의 그 모든 다양한 단계를 알고 이해하기 위해서는 역사 자체가 아니라 또 다른 안내자가 있어야 한다.

우리 그리스도인들은 그런 안내자를 성경에서 찾아야 한다고 믿는다. 성경을 보면 선지자들이 이스라엘 백성의 믿음 없음과 불순종에 대해 회개를 요구하는 바로 그때 이스라엘 백성은 자신들의 역사 속에서 하나님의 임재를 분별하고 찬미한다. 성경에서 하나님은 우리 인간의 과거를 통해 하나님의 일을 보게 하시고, 그것을 근거로 현재의 역사에서 하나님의 임재를 분별해서 신실하고 순종하는 이들이 되기를 요구하신다.

그뿐만이 아니다. 우리 하나님은 자연과 역사를 통해서만, 그리고 선지자들의 기록에 설명된 이스라엘의 역사를 통해서만 우리에게 말씀하시지 않는다. 우리 하나님은 우리에게 자신을 알리기 위해 예수 그리스도 안에서 자연의 일부요 역사의 일부가 된 하나님이시다. 예수 그리스도의 위격에 대해서는 나중에 한 장 전체를 할애하여 좀 더 광범위하게 다루게 될 것이다. 지금 여기서 당장 떠오르는 것은 히브리서의 한 구절이다. "옛적에 선지자들을 통하여 여러 부분과 여러 모양으로 우리 조상들에게 말씀하신 하나님이 이 모든 날 마지막에는 아들을 통하여 우리에게 말씀하셨으니 이 아들을 만유의 상속자로 세우시고 또 그로 말미암아 모든 세계를 지으셨느니라 이는 하나님의 영광의 광채시요 그 본체의 형상이시라 그의 능력의 말씀으로 만물을 붙드시며"(히 1:1-3상).

성경은 하나님을 어떻게 계시하는가?

예수 그리스도에게 나타난 하나님의 계시와 행위라는 주제에 대해서는 나중에 따로 다룰 것이므로 여기서는 성경과 성경 해석을 잠시 생각해 보겠다. 이 문제를 생각해 볼 때 가장 먼저 해야 할 일은 성경 해석에는 성령의 간섭이 필요하다는 사실을 인정하는 것이다. 과거에는 성령께서 어떻게 성경 기자들에게 영감을 주셨는지에 관해 많은 논쟁이 있었다. 성령의 영감이 작용하는 방식에 관해서 중요한 의견 차이가 있긴 하지만, 성경이 하나님의 말씀인 것은 성령의 영감 때문이라는 점에 신자들의 의견은 대체적으로 일치한다. 우리가 흔히 잊는 것은, 이 영감이 성경 본문이 기록되던 때에 한정되지 않고, 우리가 이 본문을 읽고 해석할 때도 작용한다는 점이다. 성령이 아니라면 성경을 그저 다른 옛날 이야기에 비해 조금 세련된 고대 문학 작품 모음으로 읽을 수도 있다. 그래서 예를 들어 플라톤의 글을 읽을 때와 같은 호기심과 독서 방식으로 성경에 접근한다. 게다가 교회 자체에도 자기와 생각이 다른 사람들을 정죄하고 불의와 압제를 정당화하며 심지어 원수에게 폭력을 행사하기 위해 성경을 도구로 활용하는 신자들이 있어 왔다. 성경이 우리에게 하나님의 말씀이려면, 우리가 성경을 읽고 해석할 때 반드시 성령께서 일하셔야 한다.

이 점 말고도 생각해야 할 것이 또 있다. 첫째, 성경은 계시이지, 하나님께서 우리에게 주신 일종의 수수께끼가 아니다. 우리는 이 수수께끼를 푸는 방법을 알려고 어떤 가상의 선지자가 나타나기를 기다리지 않는다. 성경의 역사(history) 전체를 이해할 수 있게 해 주는 어떤 "비밀스러운 열쇠"나 신비한 숫자를 기대하는 것은 하나님 계시로서의 성경의 참된 속성을 부인하는 것이다. 이 하나님은 사랑으로 자기 자신을 우리에게 나타내시는 하나님이고, 이런 과정을 통해 우리에게 수수께끼를 주며 풀라고 하시지도 않고 우리와 더불어 어리석은 게임을 하시지도 않는 하나님이시다.

둘째, 하나님이 우리에게 성경을 주셨을 뿐만 아니라 우리가 성경에서 보고 읽는 모든 것을 이해할 수 있는 수단도 주셨다면, 성경을 읽을 때 그 수단을 활용하는 것이 우리의 의무다. 이는 단순히 성경을 읽을 때 우리에게 영감을 주시기를 성령께 구하는 문제가 아니다. 물론 그것도 절대적으로 필요하긴 하다. 하지만 바로 그 성령께서는 우리가 고려하고 활용해야 할 수많은 수단을 주신다. 다른 무엇보다도 번역이 바로 그런 수단 중 하나이며, 번역이 있기에 우리는 자기 나라 말로 성경을 읽을 수 있다. 그렇게 번역된 성경이 없다면, 성경 본문을 단 한 글자도 이해하지 못해 당혹스러워하는 이들이 많을 것이다. 우리에게 그런 번역본을 제공해 주는 이들은 번역 작업을 할 때 성령의 도움을 구했을 것이 틀림없다. 성경을 번역한 이들 중에는 자유를 잃고 목숨을 잃을 위험을 무릅쓰고 번역 작업을 한 사람들도 있으며, 이에 대해 우리는 깊이 감사해야 한다. 하지만 이들이 성경 번역자로 일할 때 성령께서 이들과 동행하셨다는 사실은 이들의 번역에 오류가 없다는 뜻이 아니다. 영어 성경의 경우, 우리의 원어 지식이 향상되고 더 훌륭한 고대 필사본이 발견됨에 따라, 그리고 영어라는 언어 자체가 진화함에 따라 모든 역본이 여러 번 개정되어 왔다.

이는 우리의 다양한 해석이 비록 성령의 인도를 받기는 해도 오류가 없지는 않다는 뜻이다. 고대 역본들과 마찬가지로 우리 시대의 성경 해석도 종종 교정이 필요하다. 이는 아주 중요한 문제다. 이 사실을 잊을 경우 다음과 같은 사고의 함정에 빠질 수 있기 때문이다. 즉, 우리의 해석이 정확하다면 이 해석은 오류가 없다고 보아야 하고, 반대로 어떤 부분에서 잘못이 있다면 이는 성경을 읽을 때 성령께서 우리와 동행하지 않으셨음을 암시한다는 것이다. 그러나 실은 우리가 성경을 읽을 때 성령께서 영감을 주신다 해도 우리의 모든 해석은 우리의 것일 뿐이며, 그래서 교정의 대상이 될 수밖에 없다.

우리의 해석을 계속 교정할 필요가 있다는 이 사실이 바로 교회 공동체라는 환경에서 성경을 읽는 게 중요하다고 강조해야 할 한 가지 이유다. 물론 혼자서 성경을 읽고 묵상하는 훈련도 반드시 해야 한다. 지난 몇 세기 동안에는 인쇄기가 발명되어 집집마다 성경책을 가질 수 있게 된 덕분에 혼자서 성경 읽기가 훨씬 수월해졌다. 하지만 그렇게 혼자서 읽기가 교회 공동체 안에서의 성경 공부를 대신해서는 안 된다. 잠시 멈춰 생각해 보면, 성경은 거의 대부분 공개 석상에서 낭독하려고 기록되었다는 것을 깨닫게 된다. 구약성경은 이스라엘 회중 앞에서 읽어야 했고, 신약성경은 교회에서 큰 소리로 낭독해야 했다. 구약성경은 개별 이스라엘 사람들을 향한 말이 아니었고, 신약성경도 원래 개별 신자들을 향한 말이 아니었다. 우리의 개인적 신앙이 매우 중요하기는 하지만, 성경의 목적은 개인의 신앙을 형성하는 것일 뿐만 아니라 무엇보다도 하나님의 모든 백성의 신앙을 형성하고 안내하는 것이다. 예를 들어 로마 신자들에게 편지를 쓸 때 바울은 자신의 편지가 당연히 전 회중 앞에서 크게 낭독될 것으로 여겼다. 그때 그 자리에 있던 사람들 중에는 나중에 그 편지를 좀 더 꼼꼼히 다시 읽고 싶어 하는 이들이 당연히 있었을 것이다(하지만 이 시대에는 인쇄된 책이 없었고, 그래서 개별 신자가 자기 집에 성경을 일부분이라도 갖고 있기는 매우 힘들었을 것이다). 공동 읽기와 개별적 읽기, 두 가지 모두 필요하다. 우리의 경우, 믿음의 공동체는 정말로 성령의 영감을 받은 것과 그저 우리의 개인적 의견에 지나지 않는 것을 분별할 수 있게 도와준다.

하지만 촘촘히 엮인 공동체, 우리가 정기적으로 모이는 그 공동체 안에서 성경을 읽는 것만으로는 충분치 않다. 물론 그런 읽기는 아주 중요하다. 우리 신앙이 형성되고 자양분을 얻는 곳이 바로 그 공동체이기 때문이다. 하지만 무엇보다 먼저 우리가 기억해야 할 것은, 우리가 성경을 읽고 해석하는 것과 마찬가지로 온 세상의 수많은 형제자매도 성경을 읽고 해석하고 있다는 점이다. 어떤 기준으로든 우리는 그 형제자매들의 관점을 고려해야 한다. 이 모든 사람들이 다 우리가 속한 동일한 그리스도의 몸의 지체인 까닭이다. 예를 들어, 교회 구성원 대다수가 유럽인의 후손인 미국의 지역 교회에서는 추수감사절에 "하나님께서 우리에게 이 땅을 주셨다"라고 감사하면서 이 절기를 축하하기 쉽다. 하지만 우리 옆자리에 이 땅 원주민의 후손인 형제자매가 있다는 걸 생각하면, 더구나 그들의 조상들이 이 땅을 무력으로 빼앗겼다는 사실을 이들이 아직도 기억하고 있다는 걸 생각하면 그 같은 말로 추수감사절을 축하하기가 매우 어려워진다.

더 나아가서, 오늘 우리와 나란히 영적 순례 중인 사람들을 기억하는 것만으로는 충분하지 않다. 우리보다 앞서 이 길을 갔고 우리가 좇을 수 있게 발자국을 남긴 허다한 구름과 같은 증인들도 기억해야 한다. 성경 자체가 우리에게 온 것은 인쇄기도 없던 시절에 여러 세대에 걸쳐 성경을 꼼꼼히 필사하고 재필사한 사람들 덕분이다. 성경은 그 거룩한 본문의 원어를 충실히 연구하여 우리가 이해할 수 있는 방식으로 이를 전달해 준 여러 세대 사람들을 통해 우리에게 왔다. 성경은 수 세기에 걸쳐 길게 맥을 이어 온 신자들을 통해 우리에게 왔다. 이 모든 사람들 또한 우리 믿음 공동체의 일원이며, 그래서 성경을 공부할 때 우리는 이 사람들도 고려해야 한다.

성경 자체에서도 우리는 이 사람들을 일부 확인할 수 있다. 성경에 등장하는 선지자들은 아브라함이나 모세가 존재한 적 없는 것처럼 말하지 않는다. 시편은 아브라함, 모세, 선지자들의 이야기에 영감을 받아 기록되었다. 신약성경은 예수님 이야기를 이스라엘의 전체 역사와 연결 짓는 계보로 시작한다. 그리고 예수님 자신도 우리 하나님, 아브라함과 사라와 그 후손의 하나님은 "죽은 자의 하나님이 아니요 살아 있는 자의 하나님"이라고 말하면서(마 22:32) 이 모든 사실을 우리에게 친히 일깨우신다.

자주 듣는 말이지만, 이것이 바로 거룩한 본문은 성경 자체의 조명을 받아 해석해야 한다는 것이 성경 해석의 첫 번째 원리인 이유다. 이는 성경이 자체 모순이 없기 때문이 아니라, 사실은 하나님이 자기 백성, 즉 이스라엘 및 교회와 어떻게 관계를 맺어 오셨는지 그 역사를 성경이 우리에게 말해 주기 때문이다. 복음서 기자들이 이스라엘의 모든 역사와 교회의 시작을 단일한 역사로 읽는 것처럼, 오늘날 우리도 성경 본문 전체를 단일한 역사로, 하나님 백성으로서 우리의 역사로 읽어야 한다.

성경은 우리를 어떻게 해석하는가

이 모든 내용에서 가장 중요한 것은 이 역사가 우리의 역사라는 사실이다. 시간상으로 아무리 우리 시대와 거리가 멀든, 이 역사는 우리 자신의 이야기에서 멀리 있지 않다. 오히려 이는 우리를 우리 되게 하고 우리를 정의하는 이야기다. 이는 궁극적으로 우리가 성경을 해석하는 것만으로는 충분치 않고 성경이 우리를 해석할 필요가 있으며 어쩌면 그게 더 중요할지도 모른다는 뜻이다.

이 말에는 아마 설명이 좀 필요할 것이다. 우리는 주로 호기심에 이끌리는 태도로 성경을 읽고 해석할 때가 너무 많다. 우리는 상황이 어떤지 알고 싶어 한다. 심지어 천사가 얼마나 되는지, 다양한 부류와 여러 등급의 천사들이 얼마나 많이 언급되는지 알고 싶어 한다. 우리는 주님의 재림 날짜를 확정하고 싶어 한다. 하지만 그런 호기심이 혹시 순종의 의무를 회피하는 방도는 아닌지 자문해 봐야 한다. 이런 문제를 탐구하고 논의하는 일에 시간을 보내느라, 성경이 존재하는 주된 이유는 우리의 호기심을 충족시키기 위해서가 아니라 순종과 소망으로 우리를 안내하고 부르기 위해서라는 핵심 사실을 잊어버릴 수도 있다.

사실 가장 중요한 것은 성경이 대체적으로 무슨 말을 하는지 아는 것이 아니라, 오늘날 우리의 구체적 상황 가운데서, 특히 이런 건 순종할 필요가 없으면 좋겠다 싶은 명령과 관련된 문제들에 관해 성경이 하는 말을 알고 이해하고 순종하는 것이다. 한마디로, 성경을 아주 완벽하고 빈틈없이 알면서도 성경적이지 않을 수 있다. 어떤 주어진 주제에 관해 적당한 성경 구절을 거듭 인용할 수 있는 사람도 성경을 잘 아는 사람이고, 특정한 장 전체를 다 외울 수 있는 사람도 성경을 잘 아는 사람이다. 하지만 어떤 사람이 이렇게 성경을 다 알면서도 교회 안에서 남의 험담이나 소문 이야기로 시간을 보내거나 교회 분열을 조장하거나 자기보다 연약한 사람들을 이용한다면, 이 사람은 참으로 성경적인 사람이 아니다. 교회도 마찬가지다. 우리가 다 성경을 읽어야 하기는 하지만, 어떤 교회가 성경을 더 많이 읽는다고 해서 더 성경적인 교회이지는 않다. 교회는 그 안에서 성경적 사랑이 실천되고 입증되어야 참으로 성경적인 교회다. 교회 안에서 하나님의 은혜를 체험할 수 있을 때, 교회가 가난한 사람과 고난당하는 사람에게 관심을 보일 때, 교회 안에서 하나님의 약속된 통치를 얼핏이나마 볼 수 있을 때, 그 교회가 바로 성경적 교회다.

이는 다음과 같이 달리 표현할 수도 있다. 성경을 읽을 때 우리의 주된 목적은 정보(information) 얻기가 아니라 우리 믿음이 형성되는 것(formation)이어야 한다. 예를 들어, 아브라함 이야기를 읽을 때 중요한 것은 그의 순례 경로를 다 암기하는 게 아니라, 그 여정 내내 아브라함을 이끌어 준 그 믿음을 우리가 어떤 식으로든 공유하게 되는 것이다.

*   *   *

지금까지의 이야기를 요약해 보자. 우리가 하나님을 알 수 있음은 하나님께서 그렇게 하기를 뜻하시고 그리하여 하나님 자신을 우리에게 계시하시기 때문이다. 그 계시는 자연과 역사 속에서 볼 수 있다. 성경이 하나님의 말씀임은 하나님 백성의 역사 속에서 하나님께서 하신 일을 증언하기 때문이다(그리고 앞으로 살펴보겠지만, 예수 그리스도를 증언하여, "세상을 이처럼 사랑"하신 이 하나님에 관해 무언가를 알 수 있게 해 주기 때문이다). 성경의 목적은 하나님의 백성이 백성다운 모습을 갖추게 하며 이들을 인도하는 것이기에, 우리의 성경 읽기에는 반드시 공동의 차원이 있어야 한다. 그리고 마지막으로, 성경을 읽을 때 우리는 주로 호기심을 충족시키기 위해서가 아니라 불순종하는 세상에서 순종하라고 부름받기 위해, 그리고 절망 속에서 뒹구는 세상에서 소망을 가지라고 부름받기 위해 읽어야 한다.

생각과 토론을 위한 질문

1. 하나님과 특별히 친밀하게 교제한다고 느껴지던 때를 생각해 보라. 그룹으로 모여서 이 책을 공부하고 있다면, 그 경험을 함

께 이야기해 보라. 그런 친밀한 교제의 순간 중 자연에서 하나님을 본 경우는 얼마나 되고, 역사 속에서 하나님을 본 경우는 얼마나 되며, 성경에서 하나님을 본 경우는 얼마나 되는가?

2. 창조 세상에 드러난 하나님의 임재를 노래하는 유명한 찬송이 있다.

　　이 세상은 내 아버지의 세상
　　내가 귀 기울이니
　　모든 자연이 노래하고
　　하늘의 음악이 내 귀에 울리네

　　이 세상은 내 아버지의 세상
　　반석과 나무를
　　하늘과 바다를 생각하니 내 마음 편안해
　　하나님의 손이 기이한 일을 행하네

　　이 세상은 내 아버지의 세상
　　새들이 기쁨의 노래 부르네
　　아침 햇살과 흰 백합이
　　자기를 지으신 분을 찬양하도다

　　이 세상은 내 아버지의 세상

그가 빛나시도다, 모든 아름다운 것들에
바스락거리며 지나시는 풀밭에
사방에서 그가 내게 말씀하시네

이 노랫말이 내 기분과 체험을 그대로 나타내 준다고 느낀 순간이 있었는가? 내가 체험한 자연이 이 노랫말과 그다지 일치하지 않을 때가 있었는가?

3. 자기 삶에 얽힌 이야기를 돌아보라. 어느 부분에서 하나님의 손길을 볼 수 있는가? 나의 여러 가지 체험은 하나님에 관해 내게 무엇을 가르쳐 주었는가?

4. 자신의 사연, 혹은 함께 공부 중인 사람들의 사연에 어떤 배경이 있는지 생각해 보라. 어떻게 해서 믿음을 갖게 되었는가? 믿음의 조상이 있는가? 이 조상들이 완전하지는 않았겠지만, 하나님은 어떻게 이들을 이용해 여러분을 믿음으로 이끌었는가?

5. 이와 같은 질문들을 생각해 보고 함께 토론해 보라. 성경에서 가장 좋아하는 부분은 어디인가? (성경의 어느 한 권 전체일 수도 있고 특정 구절일 수도 있다.) 그 부분을 왜 가장 좋아하는가? 이 특정 구절 혹은 이 한 권은 성경이 이야기하는 하나님 백성의 역사 전체에서 어떤 위치를 차지하는가?

2

삼위일체 창조주 하나님

역사 전체에 걸쳐 헤아릴 수 없이 많은 사람이 하나님의 존재 증거를 찾아서 제시했다. 이런 증거들은 대개 우리 주변에서 볼 수 있는 세상에 근거를 둔다. 우리가 사는 세상의 복잡성은 한 지혜로운 창조자의 존재를 필요로 한다. 이 여러 가지 주장 중 하나는 사막 한가운데서 발견된 시계를 예로 든다. 사막 한가운데 시계가 있다는 것은 누군가 그것을 거기 갖다 놓았다는 뜻이다. 좀 더 추상적이고 복잡한 증거들도 있는데, 이 증거들은 우리가 여기서 되풀이해서 이야기할 필요가 없는 철학적 추론에 바탕을 둔다. 어떤 경우든, 하나님의 존재에 대한 그 어떤 '증거'도 사실은 그리스도인들이 믿는 하나님을 멀리서 흘긋 본 것에 지나지 않는다. 따지고 보면, 인간의 지성이 파악하고 증명할 수 있는 그 어떤 신도 기독교 신앙에서 말하는 참된 주권적 하나님이 아니다. 우리가 제시하는 모든 증거나 추측, 또는 하나님에 관한 그 외 개념은 우리가 체험하는 하나님, 우리가 우리 존재를 의탁하는 이 하나님의 실제에는 여전히 미치지 못한다.

이것이 사실이긴 하지만, 기독교 신앙이 이 하나님에 관해, 곧 우리의 말로 다 설명할 수 없고 우리의 지성으로 이해할 수도 없는 이 하나님에 관해 첫 번째로 단언하는 말은, 하나님은 사랑이시라는 것이다. 시편이 되풀이해서 말하는 것처럼 "그 인자하심이 영원"하다. 때로 우리는 좀 더 추상적인 표현으로 하나님은 "불변하신다"라고 말한다. 하지만 이 말은 하나님이 돌이나 장작처럼 아무 감각이 없다는 뜻이 아니다. 하나님의 불변성이란 그와 반대로 하나님이 늘 사랑으로 임재하셔서 어떤 상황에서든 우리가 늘 의지할 수 있음을 가리킨다. 이것이 바로 성경이 하나님을 자주 아버지로 언급하는 이유다. 우리 아버지 하나님의 불변성은 무감각함을 뜻하는 게 아니라 그와 정반대를 의미한다. 좋은 부모의 경우, 상황이 어떻든 변하지 않는 한 가지가 있는데 그것은 바로 사랑이다.

기독교의 또 한 가지 근본적 주장은 하나님은 존재하는 모든 것의 창조주시라는 것이다. 초대 교회에서 세례를 앞둔 사람에게 가장 먼저 하는 질문은 "전능하신 아버지, 천지의 창조주이신(또 다른 표현으로 "눈에 보이는 모든 것과 보이지 않는 모든 것을 만드신 분인") 하나님을 믿습니까?"이다.

창조 교리 이해하기

근래에는 창조 교리가 많은 논쟁의 주제가 되어 왔다. 어떤 과학자들이 수백만 년 세월에 걸쳐 진행된, 그리고 창조주의 손이 유도한 게 아니라 우연의 산물인 진화에 대해 말한다면, 이는 맞는 말인가? 또 어떤 사람들이 6일 동안 진행된 창조에 대해 말한다면, 이는 맞는 말인가? 문제를 이런 식으로 제기한다면 우리는 그저 둘 다 틀렸다고 말해야 한다.

반면, 과학자들이 수백만 년 전, 그 어떤 인간도 존재하기 전에 공룡이 땅 위를 활보했음을 증명할 수는 있다. 과학자들은 다양한 식물과 동물 종(種) 사이의 관계, 그리고 이들이 어떻게 진화해 왔는지를 증명할 수도 있다. 하지만 과학자들도 이 모든 것 또는 인간의 기원이 어떤 특정한 지도(指導) 없이 일련의 우연이나 돌발 사태의 결과일 뿐이라고는 절대 증명할 수 없을 것이다. 그런 주장을 할 때 과학자들은 과학적 방식이 입증할 수 있는 한계를 넘어서 그저 추측을 하고 있을 뿐이다. 이들의 주장은 정확히 말해 과학적 주장이 아니다.

한편, 세상이 6일 동안 창조되었다고, 이것이 창조 교리의 의미라고 주장하는 사람들은 아마도 성경을 다시 읽어 봐야 할 것이다. 창세기 시작 부분에는 신학적 의미는 일치하지만 창조 순서 같은 문제에서는 일치하지 않는 두 개의 창조 이야기가 있는 게 분명하다. 창세기 1장에서 우리는 6일간의 창조에 대해서 알게 된다. 이 이야기에서 하나님께서 모든 짐승들을 만드신 뒤 마지막으로 만드는 것은 인간이며, 남녀를 동시에 만드신다. 하지만 2장에서는 6일간의 창조에 대해 한마디도 없고 창조 순서도 다르다. 이 이야기에서 하나님은 먼저 남자를 만드시고 그런 다음 짐승을 만들어 인간의 동행으로서 인간을 섬기게 하시며, 마지막으로 여자를 만들어 남자의 완벽한 동행이 되게 하신다. 두 가지 이야기 중 하나는 옳고 하나는 옳지 않다고 하는 것으로는 충분치 않을 것이다. 또한 많은 사람이 그러는 것처럼 각 이야기에서 조금씩만 취하고, 자기 생각에 들어맞지 않는 부분은 무시해 버린 뒤 이것을 "성경의 창조 기사"라고 부르는 일도 없어야 한다.

우리가 정말로 해야 할 일은 두 이야기의 가르침 또는 중심 메시지, 두 이야기에서 일치되는 가르침을 분별하는 것이다. 이 경로를 따르면, 존재하는 모든 것은 하나님께서 창조하셨다고 두 이야기 모두 단호히 확언한다는 것을 알 수 있다. 어떤 것은 하나님이 만드시고 어떤 것은 악한 영이나 조금 급이 떨어지는 어떤 신이 만들었다는 것은 사실이 아니다. 그리고 하나님은 선하시기에(good), 존재하는 모든 것도 선하다. 이 사실은 특히 첫 번째 이야기에서 반복하여 강조된다. 하나님이 어떤 일을 끝내실 때마다 "하나님이 … 보시니 보시기에 심히 좋았더라(good)"라는 말이 나온다.

이것이 바로 고대 교회가 창조에 관해 말할 때 늘 강조한 점이었다. 이는 만물의 기원을 설명하거나, 이 만물이 어떻게 만들어졌는지 세세히 밝히는 문제가 아니었다. 그보다 이는 존재하는 모든 것이 하나님의 작품임을 단언하는 문제였다. 존재하는 모든 것은 하나님의 선한 창조의 일부다. 비록 우리가 이를 오용해서 더럽힐 수는 있지만 말이다. 이것이 바로 세례 받으려는 사람에게 이 하나님 아버지, 곧 눈에 보이는 모든 것과 보이지 않는 모든 것을 만드신 분을 믿느냐고 가장 먼저 질문한 이유다. 이 질문은 창조주 하나님과 관계된 것이 분명하지만, 하나님께서 창조하신 세상을 파악하는 방식과 관련해서도 중요한 의미를 지닌다.

이는 창조 교리와, 사랑의 하나님이 우리 하나님이라는 기본적 주장 사이에 밀접한 관계가 있다는 뜻이다. 하나님의 사랑을 아버지의 사랑으로 말할 때 우리는 흔히 아버지가 자녀를 보호하고 양육하는 것을 떠올린다. 하나님이 우리 아버지라는 말에는 이런 의미도 있는 게 틀림없다. 하지만 아버지나 어머니의 사랑에는 다른 차원도 있음을 기억해야 한다. 부부가 책임감을 갖고 자녀를 낳기로 결정할 때, 이들은 어느 시점이 되면 아이가 독립을 주장할 것이고, 어쩌면 힘든 상황에 빠져들기도 할 것이며, 그래서 부모의 가슴을 아프게 할 가능성이 아주 높다는 것을 잘 인식하고 그런 결정을 내린다. 이들은 이 새로운 인격체를 위해 여러 가지 꿈과 목적을 품을 테지만, 아이의 마음이 부모의 마음과 같지는 않을 것이며 부모의 생각과 다른 꿈과 목적을 추구할 수도 있다는 것을 알고 있다. 우주를 창조하기로 결정하실 때 하나님께서도 이와 비슷한 사랑에서 그렇게 하신다. 이 피조물들이 하나님께 반역할 것이고 하나님의 마음을 아프게 할 것을 아시면서도 말이다. 그럴지라도, 그 엄청난 사랑을 이유로 하나님께서는 우리를 창조하셨고, 우리가 주변에서 보는 모든 것도 창조하셨다.

간단히 말해, 창조 교리는 존재하는 모든 것이 다 사랑의 하나님의 작품이라고 단언하며, 그러므로 하나님을 우리 아버지라고 말하는 우리는 하나님께서 우리를 에워싸게 하신 이 창조 세계를 사랑해야 한다고 단언한다. 또한 육신의 부모처럼 하나님은 이 창조 세계에, 그리고 다음 장에서 살펴보겠지만 특히 인간에게 어느 정도의 독립성을 주시며, 그리하여 자신이 갈 길을 스스로 결정할 수 있게 해 준다고 단언한다. 이 모든 것은 하나님은 사랑이시라는 기독교의 근본적 주장의 또 한 가지 표지(標識)다.

그러므로 창조가 하나님의 사랑의 결과라는 말은, 이 하나님을 섬기고 순종하고자 하는 사람들이 그러하듯 우리도 사랑의 터 위에 삶과 관계를 세워 가야 한다고 단언하는 것이다. 여기에는 우리의 상호 관계 및 하나님의 이 아름다운 창조 세상과 관계를 맺는 방식도 포함된다.

또 한 가지 기억해야 할 것은, '사랑'이라는 말조차 하나님이 누구시고 어떤 분이신지를 정확히 묘사하는 말이라기보다, 하나님의 실제(實際)를 가리키는 표지 또는 비유라는 사실이다. 인간의 경험상 사랑보다 귀한 것은 없다. 하나님이 사랑이시라는 말은, 우리 인간의 사랑 체험을 통해 하나님을 아는 것이 하나님을 이해하는 가장 좋은 방법이라는 말이다. 하지만 하나님의 사랑은 여느 인간의 사랑보다 훨씬 차원 높다는 점을 기억해야 한다. 우리의 경험으로 볼 때, 사랑은 흔히 정의(justice)의 반대 개념이다. 예를 들어, 누군가를 용서할 때 우리는 그것이 사랑에서 나오는 행위라고 말한다. 누군가를 징벌하면 그것은 정의를 위해서라고 말한다. 그래서 어떤 사람들은 하나님이 어떤 때는 사랑에서 비롯되는 행동을 하시고 어떤 때는 공의(justice)에 근거해서 행동하신다고 생각한다. 어떤 이들은 심지어 하나님이 누군가를 구원하시면 이는 사랑에서 비롯되는 행위이고, 누군가가 영벌(永罰) 받을 자로 정죄되면 이는 공의에 근거한 일이라고 말한다. 사랑과 공의가 이렇게 대조되는 걸 보고 고대의 어떤 이들은 하나님이 둘이라고, 즉 한 하나님은 사랑의 신이고 또 한 하나님은 정의를 요구하는 신이며, 신약성경은 사랑의 신에 대해 말하는 반면 구약성경은 공의의 신을 이야기한다고 생각했다(2세기에 마르키온 파가 그렇게 가르쳤으며, 교회는 이 가르침을 배격했다. 사도신경은 사도들이 기록한 게 아니라 초대 교회에서 사람들을 가르칠 때와 예배드릴 때 쓰려고 사도들의 가르침을 짧게 진술하여 만든 것인데, 여기서 창조에 관한 항목은 적어도 부분적으로는 사람들이 이와 같은 오류에 빠지지 않도록 일종의 울타리로 구상된 것으로 보인다).

이런 가르침은 한마디로 옳지 않다. 구약성경에서든 신약성경에서든 하나님은 공의의 하나님이시고 사랑의 하나님이시다. 하나님의 사랑은 심히 광대해서 공의와 동일할 정도라고 말하는 게 더 낫다. 아니, 같은 개념을 달리 표현하자면, 하나님의 공의는 사랑의 공의라고 할 만큼 인간의 정의와는 심히 다르다. 이것이 마르틴 루터의 그 유명한 발견으로서, 이 발견 덕분에 루터는 그 자신이 나중에 말한 것처럼, 도무지 하나님을 사랑할 수 없게 만드는 상황에서 자유로워졌다. 바울이 로마서에서 "하나님의 공의"를 언급했을 때 이는 우리가 죄인인데도 하나님께서 우리를 의롭다고 선언하실 만큼 엄청난 신적(神的) 사랑을 말한 것으로, 루터가 깨달은 게 바로 이것이었다. 하여튼, 우리가 이해하지 못하는 방식으로 하나님은 언제나 의롭게 행동하시며, 그와 동시에 언제나 사랑으로 행동하신다.

하지만 "하나님은 사랑이시다"라는 주장에는 그보다 훨씬 많은 의미가 담겨 있다. 이 말은 우리가 하나님을 아주 특별한 방식으로 이해해야 한다는 뜻이기도 하다. 이는 삼위일체 교리의 궁극적 이유로서, 이 교리는 대다수 그리스도인이 인정하고 따르는 교리다. 삼위일체 교리는 교회 역사 전체를 통해 심각한 어려움을 초래했고, 이 어려움은 지금도 계속되고 있는데, 그 부분적인 이유는 우리가 이 교리를 명확히 설명하지 못하기 때문이다. 이런 이유로, 이 교리를 조금 세심히 살펴보는 시간을 갖는 게 좋을 것 같다.

삼위일체 교리 이해하기

삼위일체 교리의 참된 토대는 성경에서 찾아야 하며, 성경에서 우리는 예수님이 신이시되 성부와 혼동되어서는 안 된다는 것을 알게 된다. 마찬가지로, 성령 또한 신이시되 예수님이나 성부와 혼동되어서는 안 되는 게 분명하다. 성경은 하나님이 예수 그리스도 안에서 육신이 되셨다고 확언한다. 요한복음 서두에서 우리는 말씀이 하나님이시며 하나님과 함께 계셨고, 이 말씀이 "육신이 되어 우리 가운데 거하"셨다는 것을 알게 된다(요 1:14). 그런데 같은 요한복음이 예수님과 성부를 명확히 구분하고 있으며, 그래서 한편으로 예수님은 누구든 자신을 본 사람은 아버지를 본 것이라 주장하시고(14:9) 또 한편으로는 "내가 아버지께 구하겠"다고 말씀하신다(14:16). 성령과 관련해서도 마찬가지다. 방금 인용한 구절에서 예수님은 성령을 "또 다른 보혜사"라고 부르신다.

그리고 같은 복음서 다음 장에서 우리는 보혜사, 성부, 예수님이 명확히 구별되는 것을 보게 된다. "내가 아버지께로부터 너희에게 보낼 보혜사 곧 아버지께로부터 나오시는 진리의 성령이 오실 때에 그가 나를 증언하실 것이요"(15:26).

역사 전체를 통해 그리스도인들은 이 구절의 정확한 의미를 두고 쉼 없이 논쟁을 벌여 왔다. 이 논쟁에서 우리는 교리의 역할에 관해 앞에서 한 이야기의 또 다른 사례를 본다. 지난 수백 년 동안 삼위일체를 단언한 사람들 중 어떤 이들은 하나님의 일체성(unity)을 역설했고, 또 어떤 이들은 성부·성자·성령 세 위격 사이의 구별을 강조했다. 그런 견해차에도 불구하고, 세 위격의 구별을 무시할 정도로 신성의 일체성을 역설하거나 삼신(three gods)을 말하는 것처럼 보일 정도로 세 위격 간의 구별을 역설하지 않는 한, 이들은 다 정통파로 간주되었다. 삼위일체 교리는 앞에서 이야기한 고원 가장자리의 울타리와 같다. 삼위일체 교리는 우리가 삼신(three gods)을 믿는 일이 없게 막아 주며, 다른 한편으로는 세 위격을 혼동해서는 안 된다는 점을 일깨워 준다.

삼위일체 교리를 명쾌히 설명하려고 역사 전체에 걸쳐 수많은 예화, 예증, 은유가 제시되었다. 그중에서 아우구스티누스의 예화 혹은 설명보다 더 나은 것은 아마 없을 것이다. 아우구스티누스는 인간의 정신에 기억, 의지, 이성이 있다고 지적한다. 기억은 의지와 다르고, 이성과도 다르다. 하지만 이 셋은 단일한 정신이다. 더 나아가서, 정신에 세 가지 서로 다른 부분이 있다고는 말할 수 없다. 어떤 면에서 정신 전체가 기억이고, 정신 전체가 의지이며,

정신 전체가 이성이다. 우리의 의지가 무언가를 하기로 결정할 때, 이는 기억과 이성이 하는 말을 바탕으로 그렇게 하는 것이다. 비록 인간의 정신이 의지 속에서 길을 잃을 때도 있고, 마찬가지로 기억 속에서, 이성적 추론 속에서 길을 잃을 때도 분명 있기는 하지만 말이다. 신성 안에서 성부, 성자, 성령 사이의 일체성은 인간의 정신에 존재하는 기억, 의지, 이성의 관계와 비슷하다.

이런 예증이나 예화는 도움이 된다. 하지만 우리는 삼위일체 교리가 수수께끼나 해결 불가능한 모순인 양 접근하기보다는, 하나님은 한 분이시며 그와 동시에 하나님은 사랑이시라는 말이 무슨 의미인지 이해하는 하나의 방식으로 이 교리를 바라보아야 한다. 하나님이 사랑이시라는 말은 하나님이 우리를 사랑하신다, 또는 하나님이 모든 피조물을 사랑하신다는 단언일 뿐만 아니라, 그분의 참된 신성 안에는 사랑이 있다는 말이기도 하다. 하나님은 하나님 자신을 사랑하신다. 하나님은 사랑하기 위해 다른 존재를 창조하려고 기다리시지 않는다. 삼위일체 교리는 하나님의 일체성이 우리가 흔히 이해하는 하나 됨(being one)과는 매우 다르다고 단언한다. 하나(being one)라고 해서 하나님을 아무 감정도 없고, 하나님 자신 안에서조차 타자와 관계를 맺지 못하는 거대한 돌기둥으로 생각해서는 안 된다. 하나님이 한 분이라는 의미에서의 '하나'는 한 존재의 일체성 안에 사랑이 있다는 그런 식으로 자기 자신과 관계를 맺는다. 성부·성자·성령 간의 사랑은 셋이 하나인 그런 사랑이다. 이 사랑이 얼마나 중요한지 참된 신성 안에 사랑의 원동력이 있을 정도다.

이 모든 말은 그다지 중요하지 않은 공론으로 보일 수도 있지만, 사실 이는 우리 자신의 현실에 관해서도 많은 것을 말해 준다. 절대 혼자가 아닌 하나님, 그 품 안에 사랑이 있는 하나님은 창세기 2장 18절에서 "사람이 혼자 사는 것이 좋지 아니하"다고 선언하시는 바로 그분이시다. 내면의 존재 안에 조화로운 다양성이 있는 이 하나님은 자신이 창조한 세상에서 만물이 상호 관계를 맺게 하시는 바로 그 하나님이시다. 과거 수백 년 동안 우리 믿음의 조상들은 이것을 가리켜 "피조물에 드러난 삼위일체의 흔적"이라고 했다. 하지만 그런 흔적은 개별적으로 고찰한 각 피조물에게서만 발견되지 않는다. 이 흔적은 무엇보다도 하나님의 모든 피조물이 상호 연결되는 방식에도 존재한다. 어떤 면에서 이 복잡한 창조 세상은 단일한 세상이다. 멀리 갈 것 없이 중력의 법칙만 생각해 봐도 이를 알 수 있다. 중력의 법칙에 따르면, 지구는 지표면에 있는 모든 것을 끌어당길 뿐만 아니라, 모든 물질은, 심지어 작디작고 가장 멀리 있는 물질도 다른 물질을 끌어당긴다. 창조 세상은 하나님이 한 분이신 동시에 세 위격으로 계시는 것과 비슷한 방식으로 하나이다.

* * *

다른 모든 교리와 마찬가지로 창조 교리와 삼위일체 교리도 신자로서의 우리 삶에 중요한 실제적 결과를 낳는다. 창조 교리를 우리는 태초에 관한 논의이자 이론으로 한정지을 때가 많은데, 이 교리는 우리가 주변의 모든 것들과 관계 맺는 방식의 한 지표다. 흔히 삼위일체는 풀어야 할 수수께끼로, 심지어 과거 시대의 시의성 없는 수사(修辭)로 여겨질 때가 많지만, 이 교리는 우리가 따라야 할 하나의 본보기로 보아야 한다. 하나님이 한 분이심은 하나님이 사랑이시기 때문인 것처럼, 우리 인간은 사랑으로 하나 되라고 명령받는다. 이에 대해서는 다음 장에서 좀 더 이야기해 보도록 하자.

생각과 토론을 위한 질문

1. 하나님의 실재(實在)를 증명하는 게 가능한가? 그런 결과를 내기 위해 어떤 논거를 제시할 수 있는가? 인간의 지성으로 실재를 증명할 수 있는 신은 우리 믿음의 대상이신 하나님에게 훨씬 미치지 못한다는 게 사실인가?

2. 위의 질문을 생각해 볼 때, 하나님의 실재를 확언하는 데 자주 쓰이는 많은 증거와 논거는 어떤 쓸모가 있는가? 그런 논거 덕분에 우리가 하나님이자 예수 그리스도의 아버지이신 분을 믿게 될 수 있는가? 아니면, 우리나 다른 사람들이 믿음에 다가가는 것을 가로막는 장애물을 없애 주는 것이 그런 논거의 역할인가?

3. 과학자들이 우주와 우주 안의 생명이 무작위의 우연이 이어진 데 따른 결과물이라고 순전히 과학적인 방식으로 증명할 수

없다는 게 사실인가?

4. 성경을 펼쳐서 창세기 처음 두 장에 기록된 두 가지 창조 이야기를 비교해 보라. 공통점은 무엇인가? 두 이야기는 어떻게 다른가?

5. 일상생활에서 우리가 창조 교리를 믿느냐 믿지 않느냐에 따라 무언가 달라지는 게 있는가?

6. 하나님은 사랑이시라는 선언과 삼위일체 교리 사이의 관계를 아는가? 삼위일체를 믿느냐 믿지 않느냐에 따라 오늘의 삶에 어떤 차이가 생기는가? 우리가 타인과 관계 맺는 방식에는 어떤 차이가 생기는가?

3

인간

시편 기자는 "사람이 무엇이기에 주께서 그를 생각하시며 인자가 무엇이기에 주께서 그를 돌보시나이까"라고 하나님께 물었다(시 8:4). 성경은 이 질문에 명쾌히 대답한다. 인간이 중요한 이유는, 이 시편에서 "주의 손가락으로 만드신 주의 하늘과 주께서 베풀어 두신 달과 별들을 내가 보오니"라고 할 때의 바로 그 하나님이 만드신 작품이 인간이기 때문이다. 또한 인간은 창조의 한 부분일 뿐만 아니라 어떤 면에서 창조의 정점이다. 여기서 이 시편의 또 다른 구절을 인용할 수 있다. "그를 하나님보다 조금 못하게 하시고 영화와 존귀로 관을 씌우셨나이다 주의 손으로 만드신 것을 다스리게 하시고."

이 사실은 창세기의 두 가지 창조 이야기에서도 볼 수 있다. 첫 번째 창조 이야기에서 하나님은 해와 달과 모든 짐승을 만드신 후 인간 남자와 여자를 동시에 만드시고 이들에게 "바다의 물고기와 하늘의 새와 가축과 온 땅과 땅에 기는 모든 것을 다스리"는 권한을 주신다(창 1:26). 두 번째 이야기에서 하나님은 먼저 남자를 만드시고 그 남자가 거할 동산을 만드신다. 그런 다음 하나님께서는 남자의 동행이 될 짐승들을 만드시고 이들을 남자 앞에 데려와, 남자가 짐승들에게 이름을 지어 주게 하신다. 다른 여러 고대 문화와 마찬가지로 히브리 전통에서도, 이름을 지어 줄 수 있는 권한은 그 이름으로 불리게 될 대상에게 권한을 갖는다는 표지였다.

창세기의 두 이야기 모두 하나님께서 인간에게 일정한 책임을 지워서 이 땅에 두셨다고 지적한다. 창세기 1장에서 하나님은 땅에 충만하고 땅을 정복하라고 최초의 인간 부부에게 말씀하신다(창 1:28). 창세기 2장에서는 하나님께서 인간을 동산에 두시고 "그것을 경작하며 지키게" 하셨다고 한다(창 2:15). 다시 말해, 우리가 흔히 생각하는 것과 달리 이 두 가지 이야기는 하나님께서 땅을 창조하시되 마치 다 완성된 것인 양 최종적으로 의도하신 모습으로 창조하셨다고 말하지 않는다. 그보다, 하나님께서 인간을 땅에 두셔서, 하나님께서 바라시는 경로를 따라 이 땅을 취하고, 경작하고 지키며, 하나님의 대표로서 이 땅을 다스리게 하셨다고 말한다. 이것을 가리켜 흔히 우리는 '청지기직'이라고 하며, 이에 대해서는 나중에 다시 살펴볼 것이다.

이 시점에서 중요하게 지적해야 할 것은, 우리가 땅을 마음대로 착취하고 파괴할 수 있도록 땅의 주인 권한(lordship)을 부여받은 게 아니라는 점이다. 창세기 기록에 따르면 우리에게는 하나님의 형상이 있다고 하는데, 이 형상의 본질에 관해서는 역사 전체를 통해 많은 논의가 있어 왔다. 우리에게 하나님의 형상이 있다는 말을 이용해 어떤 이는 하나님에게 인간의 모습이 있다고 주장한다. 하지만 이는 더 논의할 필요가 없는 주장이다. 창세기 1장 26절에서 분명히 알 수 있는 것은, 인간에게 있는 하나님의 형상과 인간이 창조 세상을 다스릴 수 있는 주권 사이에 밀접한 관계가 있다는 점이다. 하나님이 모든 피조물을 다스리는 주님이신 것처럼, 하나님의 형상을 지닌 인간도 그와 유사한 주권을 지닌다. 하지만 이 주권은 하나님을 닮은 형상을 좇아 행사되는 것으로서, 이 하나님은 사랑의 하나님, 바로 그 사랑으로 우리에게 넉넉히 자유를 주시되 심지어 불순종할 수 있는 자유까지 주시는 하나님이시다. 그러므로 인간이 창조 세상에 대해 갖는 주권을 제대로 이해한다면, 이 주권은 뭐든지 우리 마음대로 할 수 있는 권리를 준다기보다, 아버지와 어머니가 자녀를 지도하는 것처럼, 혹은 하나님께서 우리를 지도하시는 것처럼, 사랑과 자유로 창조 세상을 활용하고 이끌 기회와 의무를 준다.

상호 관계와 사랑을 위해 창조되다

인간은 공동체를 이루어 살아야 할 존재로 창조되었다. 여기서 공동체란 인간 외의 모든 피조물과 이루는 공동체를 말할 뿐만 아니라, 좀 더 중요한 의미에서 다른 인간과의 공동체를 말하기도 한다. 창세기의 처음 이야기를 보면 인간은 창조된 순간부터 한 쌍이다. 두 번째 이야기에서는 하나님이 남자를 먼저 창조하시고 "사람이 혼자 사는 것이 좋지 아니하니 내가 그를 위하여 돕는 배필을 지으리라"라고 말씀하신다(창 2:18).

여기서 잠깐 "돕는 배필"(helper as his partner)이라는 개념에 관해 한마디 하는 게 좋을 것 같다. 이 말은 흔히 종속적 존재로서 남자를 돕는 것이 여자의 역할이라는 뜻으로 이해되어 왔다. 하지만 이 구절의 히브리어 단어에는 전혀 다른 의미가 있다. 여기 사용된 "돕는 존재"(helper)라는 말은 구약성경에서 하나님께 종종 적용된다. 즉 하나님은 이스라엘을 돕는 분이시다. 그리고 "배필"(partner)이라고 번역된 단어는 거울로 보는 모습이라는 뜻과 유사하다. 유감스럽게도 이 단어는 원래 옛 흠정역 성경에서 "남자를 위한 배우자"(an help meet for him)로 번역되었는데, 이는 "적절히 도움이 되는 사람"(an appropriate help)이라는 뜻이다. 나중에 이 두 단어가 하나로 결합되어 "배우자"(helpmeet)가 되었고, 이 단어에 여자의 역할과 종속에 관한 우리의 온갖 전통적 견해와 편견이 다 쏟아져 들어갔다.

창세기에 기록된 이야기 자체는 하나님께서 먼저 남자를 창조하시고, 이어서 남자의 동행으로 짐승들을 창조하시고, 마지막으로 여자를 창조하신다고 말한다. 짐승을 하나하나 창조하실 때마다 하나님께서는 남자에게로 데리고 와서 이름을 지어 주게 하시고, 그렇게 해서 남자가 그 짐승에 대해 권한을 갖게 하신다. 하지만 하나님께서 남자의 갈비뼈에서 여자를 창조하셔서 남자에게로 데려와 이름을 지어 주게 하실 때, 남자는 자기 앞에 있는 이 존재가 자기 살 중의 살이요 자기 뼈 중의 뼈라고 말하며, 그래서 여자에게 이름을 지어 주기보다는 자기 이름을 여자와 공유한다.

하지만 사람이 혼자인 게 좋지 않다는 인식은 결혼하거나 커플을 이루는 일에 한정되지 않는다. 상호 관계도 인간으로 존재하기의 본질적인 부분이다. 상호 관계가 끊겨 완전히 외톨이인 인간은 온전한 인간이 아니다. 우리가 누구인지는 무엇보다도 다른 피조물과의 관계뿐만 아니라 다른 사람들과의 온갖 관계에 따라 결정된다. 예를 들어 콘스탄스라는 여인이 아내, 어머니, 교수, 천문학자라고 한다면, 이는 이 여인이 특정한 한 남자, 자녀, 학생들, 학술 기관, 그리고 어쩌면 먼 곳의 별들하고도 일정한 관계를 맺고 있다는 말이다. 여인의 이름도 이 이름을 지어 준 사람들에 관해 무언가를 말해 주며, 어쩌면 그 사람들이 이 여인에게 품었을 꿈과 소망을 암시하기도 한다. 이런 이야기를 전혀 듣지 못하면 우리는 이 사람에 대해 알 수 있는 게 별로 없을 것이다. 이 여인을 지금의 이 사람으로 만드는 것은 이 모든 관계와 그 외 다른 많은 관계들이다.

이런 이유로 기독교의 경건을 가르치는 수많은 위대한 교사들은 사람이 혼자서는 그리스도인일 수 없다는 결론에 이르렀다. 고대에는 사람의 왕래가 없는 곳으로 숨어들어가 고독한 은자(隱者)로 살면서 기도와 경건에만 힘쓰고, 그렇게 해서 더 훌륭한 그리스도인이 되고자 하는 이들이 많았다. 하지만 결국 이들이 깨달은 것은, 자신의 믿음에 충실하려면 주변에 다른 사람들이 있어서 그들을 사랑할 수 있어야 한다는 것이었다. 18세기 인물 존 웨슬리는 "외톨이 성도"는 모순이라는 말로 이 사실을 표현했다.

이 사실은 다른 식으로도 표현될 수 있다. 삼위 하나님, 즉 가슴 속의 참사랑으로 세 위격이 서로 연결된 이 하나님의 형상으로 만들어졌다는 것은 우리가 사랑을 위해 창조되었다는 뜻이며, 이 진리는 우리가 누구를, 무엇을, 그리고 어떻게 사랑하느냐에 우리 정체성이 달려 있을 만큼 근본적 진리다. 하나님의 형상을 좇아 창조되었다는 것은 우리가 사랑을 위해 창조되었다는 뜻이다. 그리고 이 사랑은 하나님의 형상을 지니고 입증하면서 우리 또한 사랑의 삶을 살아가는 그런 방식의 사랑이며, 그런 정도의 사랑이다.

경작하고 경작되기 위해 창조되다

창조 교리는 만물이 소중하며 다 하나님에게서 온다고 말한다. 또한 인간으로서 우리가 누구인지에 대해서도 많은 것을 말해 준다. 창세기가 단언하는 것처럼, 인간은 다른 피조물과 뚜렷이 구별되는 종(種)으로 하나님이 창조하신 것이 틀림없다. 그런데 우리가 자주 망각하는 사실이 있는데, 창세기 2장 기록에 따르면 짐승과 새도 우리와 똑같이 흙으로 창조되었다는 점이다. 교회 안에는 인간이 영적 존재이므로 영적인 존재만이 중요하다고 생각하는 사람들이 종종 있다. 그러나 사실은 그렇지 않다. 우리가 아무리 무시하려고 할지라도, 우리는 독수리, 사자, 벌레와 똑같은 흙으로 만들어졌다. 이는 기분 나쁜 일이 아니다. 왜냐하면 이는 창조의 각 단계마다 좋다고 선언하신 하나님의 작품이기 때문이다. 이렇게 우리 인간이 창조 세상 안에서 독특한 존재이기는 하지만, 우리 역시 그 세상의 일부다. 우리의 정신은 구름 위로

날아오르는 꿈을 꾸지만 그와 동시에 우리 몸은 우리가 그런 존재가 전혀 아니라는 사실을 일깨워 준다.

어떤 면에서 우리 인간이 다른 피조물과 구별되는 것은 땅을 경작하고 가꾸어야 할 과제 외에도 우리 자신을 '경작'할 능력과 의무가 있기 때문이다. 즉, 우리 자신의 삶을 빚어 가야 하는 것이다. 물론 우리 능력이 미치지 못하는 한계가 있다. 주변 세상이 우리에게 그런 한계를 정해 주기도 하고, 사회 내부의 불의에서 그런 한계가 생겨나기도 한다. 그리고 그런 한계는 그저 우리가 독수리나 벌레와 똑같이 흙으로 만들어진 데서 생겨난 결과이기도 하다. 하지만 독수리나 벌레와 달리 우리에게는 자기 외부에서 자기 자신을 바라볼 수 있고 자기 아닌 다른 존재를 꿈꿀 수 있고 자기 삶을 새로운 모양으로 빚어 갈 수 있는 독특한 능력이 있다. 간단히 말해, 어떤 면에서 우리에게는 우리가 믿고, 결정하고, 행하는 일의 결과로서 우리 자신을 창조할 수 있는, 아니 적어도 우리 자신을 빚어 갈 수 있는 능력이 있다. '자유 의지'란 흔히 그런 의미다. 일정한 한계 안에서 우리는 우리 삶을 빚어 갈 수 있고, 우리 자신을 정의하는 관계를 만들어 갈 수 있고, 어떤 존재가 될 것인지를 상당 부분 결정하는 결단을 내릴 수 있다.

이 자유, 자기 외부에서 자기 자신을 볼 수 있고 무엇을 할 것이며 어떤 사람이 될 것인지를 결정할 수 있는 이 가능성은 하나님께서 우리에게 주신 가장 영광스러운 동시에 가장 위험한 선물이다. 이 선물이 없으면 우리는 강물의 흐름에 휩쓸리는 자갈돌, 그저 태양 주위를 회전하는 행성, 또는 배고프기에 사냥하는 이리 떼와 다르지 않을 것이다. 하지만 이 자유라는 선물 때문에 우리는 하나님께 불순종할 수도 있고, 땅을 망가뜨릴 수도 있고, 우리 삶을 하나님의 계획과 전혀 다른 모습으로 만들어 갈 수도 있다. 약 천오백 년 전, 우리의 형제 아우구스티누스는 이 자유의지가 "중도적 선"(intermediate good)이라고 말했다. 그가 말하는 중도적 선이란 자유의지가 하나님에게서 온 선한 선물이라는 뜻이다. 하나님께서는 우리가 물결이 밀어낼 때만 움직이는 자갈돌과는 다른 존재가 되게 하기로 하셨다. 즉, 자기 삶의 경로를 결정하고 창조 세상과 어떻게 관계 맺을지를 결정할 수 있는 자유의지를 어느 정도 갖게 하셨다. 이 모든 것은 다 선하다. 하지만 우리가 악과 불순종을 저지르는 데 이 자유를 사용할 수도 있기 때문에 이는 "중도적 선"이다.

부모와 자녀의 관점에서 보면 이 개념을 더 잘 이해할 수 있다. 자녀를 갖기로 결정하는 부부는 어느 시점이 되면 이 자녀가 자기 자유를 이용해 부모에게 불순종하리라는 것을 알고 있다. 그것을 알면서도 이들은 그런 자유를 누리지 못하는 자녀보다는 자신들에게 불순종할 수 있는 자녀를 더 원할 것이다. 부모로서 자녀들이 자라는 것을 지켜보노라면 자녀의 행동이나 결정 때문에 불안할 때가 많다. 하지만 내 자녀에게 그런 행동이나 결정을 할 수 있는 자유가 없다면 그건 비극적인 일일 것이다.

처음에는 놀라울 수도 있지만, 그런 자유에는 일종의 부재(不在)의 의미가 있다. 좋은 부모라면, 자녀가 자라고 성숙하려면 자기 나름의 공간을 가져야 한다는 것을 알고 인정한다. 아이가 첫 걸음마를 할 때 부모는 아이가 넘어져서 다치지 않을까 걱정한다. 하지만 아이가 계속 부모의 손만 잡고 다니면 결코 걸음마를 배울 수 없다는 것을 부모는 알고 있다. 아이가 청소년이 되면 부모는 아이가 나쁜 친구를 사귄다든가, 술이나 마약에 손댄다든가, 성적으로 무책임한 행동을 한다든가 하는 큰 잘못을 저지르지 않을까 염려한다. 하지만 그런 위험에도 불구하고, 부모가 청소년 자녀에게 어느 정도 자유를 주지 않으면 아이는 결코 성숙한 사람이 되지 못한다. 이렇게, 아이가 자라고 발전하는 데 필요한 공간을 주기 위해 어떤 면에서 부모는 한 걸음 물러나 있어야 한다.

창세기 3장 이야기를 읽다 보면, 뱀이 인간을 유혹할 때 하나님은 어디 계셨는가 하는 의문이 생길 수 있다. 이 문제를 이해하는 가장 좋은 방법은, 자녀를 사랑하기에 이것이 위험한 줄 알면서도 자녀가 자유를 행사할 수 있는 일정한 공간을 허락하는 부모의 관점에서 생각해 보는 것이다.

청지기 직분을 위해 창조되다

성경의 다른 배경에 등장하는 개념을 활용하는 것도 이 자유 문제를 이해하는 데 도움이 된다. 그 개념은 바로 청지기 직분이다. 교회에서 청지기 직분을 말하면 이는 대개 교회와 교회 사역을 재정적으로 지원하는 일, 그리고 아마도 시간과 은사를 관리하는 일 등을 가리킬 것이다. 하지만 청지기 직분에는 그보다 훨씬 많은 의미가 있다. 고대의 청지기는 주인이 이따금 집을 비울 때 주인의 재산을 관리하는 사람이었다. 주인이 집에 없을 때나 재산

관리에 직접적으로 관여하지 않을 때, 주인 대신, 주인을 대표해 그 일을 하는 것이 청지기의 임무였다. 이는 주인이 집에 있을 때 청지기는 주인의 의도가 무엇인지, 자기 재산이 어떤 식으로 관리되기를 바라는지를 힘써 알아야 했다는 뜻이다. 그래서 청지기의 진가는 주인이 집을 비울 때 입증된다. 오늘날에는 직원과 경영자의 관계에서 이와 비슷한 예를 볼 수 있다. 성실한 직원은 경영자가 어떤 생각을 하는지, 직원에게 기대하는 게 무엇인지 알려고 할 것이다. 경영자가 선한 사람일 경우, 직원은 근무 시간 내내 감시당하거나 이래라 저래라 지시를 받는 게 아니라, 맡겨진 일을 책임 있게 처리하고 정기적으로 보고만 하면 되는 자유를 누릴 것이다.

복음서에는 우리가 대개 '청지기 비유'라고 부르는 여러 비유가 있다. 이런 비유들에서 흥미롭게 주목할 점은, 주인의 부재(不在)가 중요한 요소로 등장한다는 것이다. 마태복음 25장에는 유명한 열 달란트 비유가 나오는데, 이 비유는 이렇게 시작된다. "또 어떤 사람이 타국에 갈 때 그 종들을 불러 자기 소유를 맡김과 같으니 각각 그 재능대로 한 사람에게는 금 다섯 달란트를, 한 사람에게는 두 달란트를, 한 사람에게는 한 달란트를 주고 떠났더니"(마 25:14-15). 마가복음 12장에 기록된 악한 소작인의 비유에서는 포도나무를 심어 포도원을 만들고는 "타국에" 가 버린 사람 이야기를 한다. 누가복음 12장에서 예수께서는 선한 청지기의 책무에 대해 설명하신다. "주께서 이르시되 지혜 있고 진실한 청지기가 되어 주인에게 그 집 종들을 맡아 때를 따라 양식을 나누어 줄 자가 누구냐 주인이 이를 때에 그 종이 그렇게 하는 것을 보면 그 종은 복이 있으리로다 내가 참으로 너희에게 이르노니 주인이 그 모든 소유를 그에게 맡기리라… [그러나] 주인의 뜻을 알고도 준비하지 아니하고 그 뜻대로 행하지 아니한 종은 많이 맞을 것이요"(눅 12:42-44, 47). 그리고 19장의 열 달란트 비유는 "어떤 귀인이 … 먼 나라로 갈 때에"라는 말로 시작된다. 20장에서는 악한 소작인에 관한 마가의 비유 서두가 다음과 같이 좀 다르게 표현된 것을 본다. "한 사람이 포도원을 만들어 … 주고 타국에 가서 오래 있다가." 이 모든 비유는 주인이 부재할 때 청지기 또는 관리인이 해야 할 일을 다룬다.

창세기에서도 비슷한 일이 벌어진다. 창세기의 두 이야기 중 첫 번째 이야기에서 하나님의 형상을 좇아 인간을 창조하는 대목에서 하나님께서는 인간이 바다의 물고기, 하늘의 새와 짐승, 그리고 땅에 기어 다니는 모든 동물을 다스려야 한다고 말씀하셨다. 두 번째 이야기에서는 하나님께서 인간을 에덴동산에 두셔서 이들이 이곳을 지키고 경작하게 하신다. 하나님께서는 이들이 해야 할 일과 하지 말아야 할 일에 관해 지침을 주신다. 달리 말해, 두 이야기 모두에서 인간은 다른 피조물을 다스릴 권한을 받는데, 이는 창조주의 바람에 따라 피조물을 보살피거나 관리하기 위해서다. 그래서 하나님께서 지시하시는 바로 그 시점에서부터 인간은 하나님께서 창조 세상의 관리자로 지명하신 청지기와 같다. 하나님은 창조 세상을 직접 관리하면서 시시콜콜 끊임없이 관여하거나, 우리에게서 자유와 책임을 모두 박탈하는 방식으로 우리를 감독하실 의향이 없다.

이렇게 청지기 직분에 대해 이야기한다는 것은 우리의 재산이나 시간이나 은사를 관리하는 법 그 이상을 다루는 것이다. 청지기 직분을 말한다는 것은 창조 세상을 다스리라고 하나님께서 우리에게 주신 권세를 사용하는 방법을 말하는 것이기도 하다. 상호 관계의 거대한 네트워크인 우리 사회의 복잡성을 고려할 때, 청지기 직분이란 우리가 관리자로서 주변의 타인들에게 책임을 진다는 뜻이기도 하다. 가인은 이를 탐탁히 여기지 않아 부인할 테지만, 그에게는 동생 아벨에 대한 책임이 있었다. 창세기 3장에 이르면, 인간이 그간 성실한 청지기가 아니었다는 것을 알 수 있다. 하나님께서는 인간에게 권한을 주시고 그 권한을 어떤 한계 안에서 어떻게 사용해야 하는지에 관해 지침을 주셨다. 하지만 인간은 자유가 준 기회를 이용해 그 권한을 남용하고 하나님께서 정해 두신 한계를 넘어갔다. 하나님께서는 인간에게 자유도 주시고 한계도 주셨다. 하지만 인간은 그 한계를 무시하기 위해 그 자유를 이용했다.

우리는 이것을 흔히 일컬어 '타락'이라고 한다. 이는 우리 모습을 있는 그대로 묘사하는 이야기다. 우리 모두에게는 어느 정도의 자유와 권한이 있다. 우리에게는 자유를 활용할 권리와 책임이 있는 한편 그 자유를 이용해 권한을 남용해서는 안 된다는 것을 우리는 다 알고 있다. 그것이 바로 죄의 본질이다. 죄란 불순종만을 말하지 않는다. 권한을 남용해 하나님께서 정해 주신 한계를 넘어가는 것도 죄다. 창세기의 이야기는 우리 삶과 우리가 사는 사회에서 날마다 일어나고 또 일어난다. 이는 아버지로서의 권한을 이용해 아들을 자기 마음대로 하려는 아버지의 이야기다. 이는 해서는 안 되는 일에 대해 부모의 허락을 받으려고 속임수와 설득 능력을 사용하는 딸의 이야기다. 이는 투자자와 공모해 국민을 착취하려는 정치인 이야기다. 이는 우리 인간의 개인적 역사이기도 하고 집단의 역사이기도 하다.

이 이야기가 한층 더 큰 비극인 이유는 바로 우리가 청지기이기 때문이다. 우리에게는 우리를 에워싼 창조 세상 전체를 다스릴 권한이 주어졌는데, 그 권한을 남용함으로써 우리는 창조 세상을 혹사하고 부패시키기도 한다. 창세기로 돌아가 보면, 하나님께서는 아담에게 "땅은 너로 말미암아 저주를 받"는다고 말씀하신다(창 3:17). 달리 말해, 죄는 인간에게만 영향을 끼치는 게 아니라 창조 세상 전체에 영향을 끼친다. 오늘날 세상을 돌아보면, 우리 주변의 땅이 우리가 청지기 노릇을 제대로 하지 못한 데 따르는 저주의 피해를 당하고 있다는 것을 아주 분명히 알 수 있다. 우리 인간이 서로를 대하는 모습이 이리 떼가 서로를 대하는 것만도 못한 이유는 청지기 직분을 제대로 이행하지 못하기 때문이다. 북극의 빙하가 줄어들고 지구 온도가 높아지는 것은 우리가 청지기 직분을 제대로 이행하지 못하기 때문이다. 대기가 더러워지고, 바다가 오염되고, 땅의 분배가 제대로 이뤄지지 않는 것은 우리가 청지기 직분을 제대로 이행하지 못하기 때문이다.

우리는 재해를 자연 탓으로 돌리지만, 그 재해의 일부는 우리 책임일 때가 많다. 예를 들어, 가난한 사람들은 달리 살 곳이 없기 때문에 홍수에 취약한 저지대에 오두막을 짓고 산다. 몇 년 동안은 아무 일도 일어나지 않는다. 그러다가 호우가 쏟아져 그 지역에 홍수가 일어나면, 달리 잃을 것도 없는 이 사람들은 대규모로 목숨을 잃기도 하고 그나마 있는 것마저 다 잃고 만다. 이런 경우 우리는 홍수 피해를 입은 사람들이 그 지역에 사는 이유는 인간의 탐욕과 죄 때문이라는 사실을 잊고 비를 탓하기 쉽다.

이 모든 상황에서 흔히 일어나는 일은, 우리가 창조주의 지시에 따르려 하지 않기 때문에 창조주께서 하시는 말씀을 듣기가 어려워진다는 것이다. 그러고는 도리어 하나님께서 우리에게 말씀하시지 않는다고 불평한다.

이것이 우리 인간의 안타까운 형편이다. 악한 청지기처럼 우리도 청지기 직분은 물론, 사실은 창조주의 것인 소유물을 다 빼앗겨야 마땅하다. 하지만 우리의 영원하신 창조주의 공의는 이 땅 주인들의 정의보다 훨씬 고결하다. 우리 창조주의 공의는 사랑과 동일할 만큼의 공의다. 우리 창조주의 공의는 놀라운 사랑으로 입증된다. 이것이 다음 장의 주제다.

생각과 토론을 위한 질문

1. 우리가 모든 동물과 똑같은 흙으로 만들어졌다면, 이리를 보고 "형제 이리"(brother wolf)라고 한 성 프란체스코의 말이 옳은 것인가? 우리는 이리, 나비, 타조의 형제자매인가? 우리는 형제 이리 및 그 외 동물들과 어떤 특징을 공유하는가?

2. 우리는 어떤 점에서 이런 모든 "형제자매" 즉 다른 피조물들과 구별되는가? 이 장에서 우리는 우리 자신을 초월할 수 있는 능력, 즉 우리가 자신의 외부에서 자기를 볼 수 있는 능력에 대해 이야기했다. 이에 대해 예를 들어 볼 수 있는가?(마치 영화 속에서 나 자신을 보는 것처럼 자신을 외부에서 바라보는 것 같은 꿈을 꾼 적이 있는가?) 미래를 계획할 때 자기 자신을 어느 정도 외부에서 바라보면서 계획을 세우는가?

3. 인간이 창조 세상에 대해 갖는 권력과 권한을 어떻게 보는가? 이 권한의 목적은 무엇이고 이 권한에는 어떤 한계가 있다고 생각하는가?

4. 자연과의 관계를 생각해 보면, 우리는 날마다 자연에 대해, 그리고 자연의 기능에 대해 배우며, 그렇게 해서 자연에 대해, 아니 적어도 자연의 일부에 대해 점점 더 많은 권력을 획득한다. 이는 우리 삶을 위한 하나님의 목적일 수 있는가? 이런 권력이 죄 때문에 부패할 때가 있는가?(예를 들어, 원자 구조를 더 깊이 알아감에 따라 핵의학이 크게 발전하여 많은 사람의 목숨을 살리는 것을 생각해 보고, 그와 동시에 목숨을 파괴하는 게 목적인 핵무기에 대해 생각해 보라.)

5. 삼위일체 교리를 인간 상호 관계의 모범으로 삼는 것에 대해 어떻게 생각하는가? 여기에 어떤 가치가 있다고 보는가? 어떤

위험이 있다고 보는가?

6. 이 장 서두에서 우리는 하나님의 어떤 '부재'를 다루었다. 그 부재를 어떻게 이해하는가? 그 부재를 경험한 적이 있는가? 그 부재는 내 삶을 체계화하고 재산을 관리하며 다른 사람들 및 창조 세상과 관계를 맺는 방식과 어떻게 연관되는가?

4

구속: 예수 그리스도와 새 창조

기독교에서 구속 교리보다 더 중요한 교리는 없다. 이 교리로써 우리가 단언하는 사실은, 피조물의 하나님은 선한 부모로서 피조물이 불순종한다 해서 피조물을 버리시지 않는다는 것이다. 탕자 비유의 아버지처럼, 하나님은 팔을 벌리고 피조물이 돌아오기를 기다리신다. 잃어버린 동전 비유의 여인처럼, 하나님은 쉬지 않고 우리를 찾으신다. 구속 교리는 심지어 우리의 죄와 뒤틀린 행동에도 불구하고 하나님은 여전히 우리를 사랑하시고 이 창조 세상 전체를 사랑하신다고 단언한다.

이 점을 역설하는 게 중요한 이유는, 하나님께서 첫 창조의 선한 부분을 버리신 것처럼 보일 만큼 첫 번째 창조와 새 창조를 엄청나게 대조시키는 그리스도인들이 있기 때문이다. 이렇게 생각하는 사상가들과 신자들은 물질적 피조물에는 하나님이 별로 관여하지 않으시고 영적 피조물, 특히 영혼만이 구속과 하나님 사랑의 대상이라고 말하는 경향이 있다. 이런 개념은 성경에 근거가 없고, 1세기 기독교에 유포되던(그리고 지금도 유포되고 있는) 일련의 교리에서 나왔다. 이 교리는 영적 세상만이 중요하고 물질 세계는 악하거나 무의미하다고 단언한다. 그러나 성경은 하나님께서 세상을 창조하실 때 세상을 보고 좋다고 선언하셨다고 말한다. 또한 성경은 바로 이 하나님께서 회복시키는 사랑으로 우리의 죄에 대응하신다고 분명히 말한다.

타락한 창조 세상에서 그리스도 보기

위에서 말한 내용은 구속 교리의 핵심을 선언할 때 우리가 단언하는 내용이다. 우리가 단언하는 내용은 바로 하나님께서 예수 그리스도 안에서 성육신하셨다는 것이다. 수 세기에 걸쳐 기독교는 "하나님께서 그리스도 안에 계시사 세상을 자기와 화목하게 하"셨다고 선포해 왔다(고후 5:19). 이 타락한 창조 세상을 회복하기 위해 하나님께서 이 세상의 한 부분이 되신다. 이는 최고의 사랑이며, 이것이 바로 우리가 예수 그리스도는 하나님의, 무엇보다도 사랑이신 이 하나님의 최고이자 가장 명쾌한 계시라고 단언하는 이유다.

한편, 그리스도인들은 우리가 예수 그리스도 안에서 알고 있는 이분은 태초에 계셨던 바로 그 말씀의 하나님이요, 이 하나님을 통해 만물이 창조되었고, 이 하나님은 모든 인간을 비추시는 빛이라고 오랜 세월 확언해 왔다. 이것이 바로 우리가 옛 창조와 새 창조, 창조와 구속 사이의 연속성을 역설해야 하는 이유다. 옛 창조와 새 창조 둘 모두 한 하나님의 작품이다.

이렇게 단언하면 우리가 주변에서 보는 창조 세상에 긍정적 가치를 부여하게 된다. 이 세상이 죄에 매인 타락한 피조물임을 망각하지 않는 한편, 이 세상이 여전히 우리가 사랑하고 존중해야 할 하나님의 창조물이라는 것을 기억해야 하고, 우리는 이 세상에 대해 고대의 청지기 직분과 비슷한 책임을 부여받았다는 것을 기억해야 한다.

이것이 전부가 아니다. 이 단언은 우리가 주변에서 보는 물질 세상에 국한되는 게 아니라 인간의 행동과 사상까지 포함한다. 인간의 행동과 사상에는 확실히 악, 폭력, 부패가 어느 정도 녹아들어 있다. 행동 문제만 봐도, 가정 폭력·불평등·정치적 부패 등이 있다. 사상 면으로는 우리가 흔히 "악한 생각"이라고 하는 것이 있고, 우상숭배·무신론·냉소주의·절망 등 오늘날 세상에 널리 유포되고 있는 사상과 정서상의 모든 오류가 있다. 이런 사상과 정서에 관해서도 우리는 물질세계에 관해 하는 말과 비슷한 말을 해야 한다. 태초에 만물을 만드신 바로 그 말씀께서 여전히 우리를 사랑하시고, 그런 현실 가운데 있는 우리에게 찾아오신다고 말이다. 세상에 태어나는 모든 인간 위에 빛나는 빛이신 이 말씀은 모든 선한 사상과 모든 참된 지식을 조명하는 바로 그분이시다.

다수의 초기 그리스도인들에게 이는 엄청나게 중요한 문제였다. 이들이 사는 세상은 스스로 지혜롭다 생각하는 세상이었고, 그 세상이 자신의 지혜를 뽐내는 데에는 충분히 그럴 만한 이유가 있었다. 그 세상은 플라톤과 아리스토텔레스 같은 위대한 철학자, 판테온을 지은 뛰어난 건축가, 그리고 자신들의 행정 체계 및 그 체계가 지중해 유역에 안겨 준 평화에 강한 자부심을 갖고 있는 로마 정치가들을 낳은 세상이었다. 그런 영화(榮華) 한가운데서 그리스도인들은 그다지 대단한 것을 이룰 성싶지 않았다. 이들은 제국의 이름 없는 변두리 출신이었고 이들에게는 플라톤 같은 철학자도 없었다. 더 잃을 것이 없는 그런 형편을 감안할 때 신자들은 주변의 모든 상황, 즉 철학자들의 업적, 건축과 행정 분야에서 로마가 이룬 성취, 수 세기에 걸쳐 축적된 모든 지혜 등이 그저 오류이고 부패했을 뿐이라고, 주변 세상에는 선한 것이 전혀 없다고 선언하기가 아주 쉬웠을 것이다. 이런 태도는 오늘날 일부 기독교 진영에서도 여전히 우세하며, 이들이 보기에 교회에서 나오지 않은 것, 기독교 교리를 나타내지 않는 것은 모두 배척하고 피하고 심지어 정죄해야 할 것들로 보인다. 고대에도 이런 입장을 채택한 그리스도인들이 있었지만, 대다수는 이 타락한 세상에도 하나님께서 임재해서 행동하신다고 분명히 단언해야 하며 하나님을 모르는 철학자들에게서도 적어도 하나님의 진리의 흔적을 찾아낼 필요가 있다고 보았다.

초기 그리스도인들은 요한복음 처음 몇 구절에 근거해서 주장하기를, 예수 그리스도 안에 있는 말씀(the Word)은 모든 인간을 조명하는 바로 그 빛이기에, 아주 작은 빛이 반짝일지라도 그 반짝임은 모두 영원한 하나님의 말씀의 행위와 임재에 기인한다고 했다. 그래서 예수님은 육신이 되신 진리라는 근본적인 주장을 제쳐두는 일 없이, 우리는 세상의 지혜에 무엇이든 선한 것이 있을 수 있다고 말할 수 있으며, 더 나아가서 반드시 그렇게 말해야 한다.

이에 대한 좋은 예는 아우구스티누스의 『고백록』에서 찾아볼 수 있다. 자신이 어떻게 해서 마침내 회심에 이르게 되었는지 이야기하면서 아우구스티누스는 한때 플라톤주의에 마음이 끌렸던 경험을 이야기한다. 플라톤주의는 당시 인간이 이를 수 있는 최고의 지식으로 여겨졌다. 자신의 이 영적 순례 이야기에서 아우구스티누스는 플라톤주의자들의 책에서 태초에 말씀이 계셨다는 것을, 말씀이 하나님과 함께 계셨다는 것을, 그리고 그 말씀이 하나님이었다는 것을 발견했다고 선언한다. 그런데 요한복음이 알리는 것, 즉 이 말씀이 자신의 세상으로 오셨다는 것, 즉 성육신하셨다는 내용은 이 책들에서 찾아볼 수 없었다고 말한다. 다시 말해, 아우구스티누스는 다른 철학이나 교리나 의견이 제 아무리 훌륭해도 기독교 신앙과는 큰 차이가 있으며 이 차이점은 바로 요한복음 첫 번째 장 14절에서 발견된다는 것을 깨달았다. "말씀이 육신이 되어 우리 가운데 거하시매 우리가 그의 영광을 보니."

이 모든 것은 신자들, 즉 그리스도 안에서 새로운 피조물이라고 주장하는 이들이 첫 번째 창조와 관련된 모든 것들과 어떻게 관계를 맺을 수 있는지 알려 주는 안내자 역할을 한다. 이 첫 번째 창조와 관련된 것들로는 우리 주변의 물질, 타인의 의견과 발견, 사회 조직, 그밖에 우리가 생각할 수 있는 것들이 포함된다. 요한의 말을 바탕으로 생각해 보면, 이 모든 것은 영원한 하나님의 말씀의 빛을, 예수 그리스도 안에서 육신을 입은 말씀의 빛을 보여 준다. 이런 이유로, 주변 세상에는 우리가 인정하고 지지해야 할 것이 많다. 하지만 이 세상은 옛 창조의 일부이기에 우리가 배척해야 할 것도 많다. 그리고 그 차이, 즉 인정해야 할 것은 무엇이고 배척해야 할 것은 무엇인지 알게 해 주는 시금석은 성경을 통해서, 그리고 그리스도를 통해서 우리가 알게 되는 하나님의 사랑과 뜻이다.

처음에는 매우 추상적으로 보일 수도 있지만, 이는 우리의 현실과 구체적으로 연관된다. 우리가 인간으로서 이런저런 집단 안에서 우리 자신을 체계화하려 한다는 사실 자체가 바로 하나님 말씀이 하는 일이라는 것을 망각하면, 우리는 사회·정치 질서를 마치 마귀의 것인 양 여기면서 그 질서에서 발을 빼게 될 것이다. 반면, 말씀이 그리스도 안에서 성육신했다는 사실을 망각하면, 정반대의 오류에 빠지기 쉽다. 기존 사회·정치 질서는 하나님의 작품이므로 있는 모습 그대로 받아들여야 한다고 생각하게 되는 것이다. 이 두 가지 태도 사이에서 기독교 신앙은 우리에게 이렇게 말한다. 우리를 둘러싼 세상은 여전히 하나님의, 곧 그 세상을 만드신 분의 사랑의 대상이다. 그러나 그와 동시에 세상의 불의와 부패를 못 보고 지나치는 식으로, 혹은 보았더라도 별로 중요하지 않다고 여기는 식으로 그 세상을 보아서는 안 된다는 것이다.

성육신하신 그리스도 알기

역사 전체를 통해서 그리스도인들은 하나님이 어떻게 인간이 될 수 있는지에 대해 수없이 논쟁하고 글을 썼다. 대부분의 경우, 문제는 하나님으로 존재한다는 게 무슨 의미인지 우리가 이미 알고 있다 생각하고 그것을 인간으로 존재한다는 것과 철저히 대조하는 관점에서 정의한다는 것이다. 예를 들어, 우리는 하나님은 전능하시고 전지하시고 편재하신다는 등으로 말한 뒤, 그런 하나님이 어떻게 한 인간으로 유일무이하게 존재하실 수 있느냐고 자문한다. 그 결과, 영원하신 하나님이 특정한 때에 실제 한 인간으로 성육신하신다는 것은 모순으로 드러나고 만다. 하지만 이 문제는 반대편에서 시작해 볼 수도 있다. 즉, 하나님이 누구이시며 어떤 분이신지 알고자 할 때 가장 좋은 출발점은 신성의 특성을 따지는 게 아니라 이 실제 인간 예수 그리스도 주님에 관해 생각해 보는 것이다. 문제를 이런 식으로 바라보면 성육신은 이제 풀 수 없는 수수께끼가 아니라 하나의 모범(example)이요 부르심(calling)이다. 성육신은 한 인간과 하나님 사이의 절대적 교제가 무엇인지를 보여 준다. 신의 형상을 좇아 우리를 만드신 하나님께서 우리를 청하셔서, 예수께서 친히 보여 주신 본을 따라 하나님과 더불어 계속 풍성해져 가는 교제를 나누게 하신다. 하나님을 아는 참되고 가장 깊은 지식은 지적 사색을 통해서가 아니라 신자들이 "예수 따르기"라고 말하는 아주 단순해 보이는 방식을 통해 얻을 수 있다.

그럴지라도, 예수님에 관해 생각하고 말할 때 어떤 이들은 그분의 신성을 강조하고 어떤 이들은 그분의 인성을 강조한다. 앞에서 우리가 고원에서 자유롭고 안전하게 살 수 있게 도와주는 울타리로서의 교리에 관해 이야기했는데, 그 예로 다시 돌아가 보자면 성육신 교리는 예수님 안에서의 신성과 인성의 연합을 우리가 정확히 어떻게 이해해야 하는가를 말해 준다기보다, 그분을 순전히 일종의 신 같은 영(靈)으로 생각하는 오류 혹은 그와 반대로 그분을 단순히 예외적인 인간으로 보는 오류에 빠져서는 안 된다고 말해 주는 것이라고 할 수 있다. 또한 예수님을 일부는 신이요 일부는 인간인 분으로 믿는 오류도 피하라고 말이다.

더 나아가서, 하나님이 예수 그리스도 안에서 성육신하신 데에는 한 가지 목적이 있다고도 말할 수 있다. 우리는 여전히 형편없는 청지기요 타락한 창조 세상의 한 부분이지만, 그럴지라도 하나님은 우리를 버리지 않으신다. 하나님은 예수 그리스도 안에서 직접 우리를 찾으러 오신다. 이는 교회가 수 세기 동안 지지해 왔고 지금도 여전히 옹호하고 있는 근본적 주장이자 경험이다. 하나님이 예수 그리스도 안에서 성육신하심은 무엇보다도 사색의 문제가 아니라, 우리가 감사하고 경이로워하는 이유다. 우리가 하나님을 만나는 곳이 바로 여기다. 즉 뼈와 살을 지니고 이 세상에서 살다 죽으시고 다시 사신 이 인간 안에서 우리는 하나님을 만난다.

예수님이 누구이며, 우리의 믿음과 우리의 삶에 그분이 어떤 의미인지 알 수 있는 방법을 찾으려 신약성경을 읽다 보면 무엇보다도 구주로서의 예수님 모습을 가장 먼저 만나게 된다. 이는 예수님이 우리를 부패 상태에서, 그리고 죄와 사망의 노예인 상태에서 건져 내려고 오셨다는 뜻이다. 또한 우리는 교사로서의 예수님 모습도 발견하게 된다. 이는 예수님이 우리에게 아버지께 이르는 길, 즉 믿음과 순종의 길을 알려 주려고 오셨다는 뜻이다. 또한 우리는 예수님은 주님이시라고 주장할 수 있다. 이는 예수님이 우리의 존재 전체와 우리를 에워싼 모든 세상의 주권적 주님이자 통치자라는 뜻이다. 이 밖에도 예수님과 예수님이 하신 일에 관해 무언가를 말해 주는 여러 모습을 우리는 계속 찾아낼 수 있다. 예수님은 세상 죄를 지고 가는 하나님의 어린양이다(요 1:20). 예수님은 새 아담이요 새 창조의 시작이다(고전 15:45). 예수님은 그 안에 우리 생명이 감춰져 있는 분, 모든 피조물보다 먼저 나신 분이요 죽은 자들 가운데서 먼저 나신 분이며, 교회의 머리시다(골 1:15, 18; 3:3). 예수님은 우리 구원의 창시자이시다(히 2:10). 이외에도 예수님의 모습을 말해 주는 다른 많은 예들이 있다.

예수님의 모습이 이렇게 다양하다는 것은 예수님이 우리에게 어떤 의미인지를 몇 마디 말이나 단일한 이미지로 진술하는 게 가능하지 않다는 사실을 보여 준다. 이 모든 모습들이 어우러져 신자와 예수님의 만남 체험이 얼마나 광범위한지를 요약해서 나타내 준다. 앞에서 언급한 고원 비유를 다시 들자면, 예수님이 우리를 위해 아낌없이 해 주신 모든 일을 어떤 한 가지 모습으로 빠짐없이 다 표현할 수 있다고 주장하지 않는 한, 우리는 이런 모습 중 어느 한 가지든 특히 강조할 완전한 자유가 있다.

예수님에 관해 말할 때 가장 흔히 등장하는 이미지는 교사로서의 예수님이다. 예수님을 교사로 말할 때 우리가 강조하는 것은, 예수님이 오신 것은 우리에게 교훈을 주시고 본을 보여 주어서 우리를 하나님께로 다시 데리고 가시기 위해서라는 것이다. 이는 중요한 이미지다. 신약성경은 예수님을 교사로 제시하는 게 틀림없기 때문이다. 십자가에서도 예수님은 사랑과 용서에 관해 중요한 가르침을 주신다. 예수님은 자신의 말씀으로 가르치는 교사이시며, 이 말씀은 흔히 비유로 표현된다. 또한 예수님은 기적을 행하고 온유한 모습을 보이시는 등 행동으로도 가르치는 교사이시다. 그렇다고 해서 예수님은 단지 위대한 교사일 뿐이라고 말한다면 이는 성경의 수많은 증언을 무시하는 것이다.

우리네 교회에서 가장 강조되는 이미지는 우리 죄를 위한 대속물로서 값을 치르신 예수님의 모습일 것이다. 이 이미지는 성경에 토대를 두었으며, 이 이미지가 소중한 이유는 인간 죄의 심각함을 말해 주기 때문이다. 죄는 사람이 쉽게 취소하거나 무시해 버릴 수 있는 사소한 문제가 아니다. 죄는 심각한 결과를 낳는 하나의 상태다. 하지만 위의 이미지 자체는 일정한 위험을 내포한다. 이 이미지에 담긴 무엇보다 큰 위험은, 하나님이 마지막 동전 한 닢까지 받아내려고 하는 가혹한 전주(錢主)로 보일 수 있다는 것이다. 또한 이 이미지는 흔히 하나님 아버지는 엄격한 분이고 성자는 자애롭고 너그러운 분이라 생각하게 만든다. 이는 하나님이 어떤 분인가에 대해, 그리고 성자와 성부의 관계에 대해 성경이 하는 모든 말과 모순된다.

마지막으로, 악의 권세를 이긴 승리자요 죽음을 정복하신 분으로서의 예수님 이미지가 있다. 에베소서에서 예수님이 "사로잡혔던 자들을 사로잡으"셨다고 한 말(4:8) 이면에 이 개념이 자리 잡고 있다. 이 이미지를 생각하면 예수님의 삶과 사역을 우주적 차원의 드라마로 연상하게 되며, 이 드라마에서 그분은 크디큰 악의 세력을 마주하고는 우리의 유익을 위해 그 세력을 정복하신다.

신약성경 이야기를 통해 예수님 알기

신약성경이 예수님의 가르침에 관해 하는 말을 모두 읽다 보면, 이 모든 가르침이 예수님의 삶 이야기에 다 나타나 있음을 알게 된다. 예수님의 삶 이야기는 수태고지(Annunciation)와 예수님의 탄생으로 시작된다. 우리가 듣기로 하나님이 한 인간의 몸으로 성육신하신다는 것은 하나님의 사랑을 나타내 주는 표이며, 하나님은 우리를 죄의 속박에서 자유롭게 해 주려 오신다고 한다. 그런데 이는 우리를 위한 하나의 교훈이기도 하며 이 점은 바울이 빌립보서 2장에서 분명히 하고 있다. 거기서 바울은 그리스도 예수와 같은 마음을 품으라고, 그분은 자기를 비워 종의 형체를 취했다고 편지 수신인들과 우리에게 말한다. 이는 피조물을 죄의 속박에서 풀어 주려고 하나님이 창조 세상 안으로 들어오시는 우주적 드라마의 1막(幕)이기도 하다. 성탄절에 우리가 축하하는 것은 단지 한 아이의 탄생만이 아니라 하나님이 악의 권세를 이긴 승리, 보잘것없는 구유에서 시작되는 그 승리에서의 한 전환점을 축하하는 것이기도 하다. 그 이후 성(聖) 주간의 사건들로 이어지는 예수님의 삶은 지혜로운 말씀과 놀라운 일로써 가르치시는 가르침의 연속이다. 이 놀라운 일들로 예수님은 자신이 악을 이기는 강력한 정복자임을 입증하시기도 한다.

이어서 우리는 예수님의 전체 사역의 절정에 이르는데, 이는 바로 그분의 죽음과 부활이다. 기독교가 십자가에 관심을 집중하는 것은 지극히 옳은 일이다. 십자가는 비극이고 불법일 뿐만 아니라 우리를 향한 하나님 사랑의 크나큰 증거이기도 하다. 성육신을 통해 이 땅에 오셔서 우리 중 하나가 되신 하나님께서 인간이 당할 수 있는 가장 참담한 죽음을 십자가에서 당하신다. 불의한 자를 위해 의로운 분이 죽으신 것이다. 우리가 말하는 '속죄'(atonement)란 바로 그런 의미다. 우리는 일상 언어에서도 동일한 표현을 쓰는데, 예를 들어 유죄 선고를 받고 감옥에 갇힌 죄수가 자기 범죄를 속죄한다, 혹은 죗값을 치른다고 하는 게 그런 경우다. 범죄에는 결과가 따르며 그 죄를 저지른 사람이 이 결과를 감당한다. 마찬가지로 죄에도 대가가 따른다. 바울이 말하는 것처럼 "죄의 삯은 사망"이다. 하지만 사랑 많으신 우리의 하나님은 우리의 죽음을 요구하시기보다 우리 대신 십자가에서 고난 당하고자 하신다. 이것이 바로 바울이 죄의 삯은 사망이라고 할 뿐만 아니라 "하나님의 은사는 그리스도 예수 우리 주 안에 있는 영생"(롬 6:23)이라고 말하는 이유다. 이렇게 해서 우리는 예수님이 우리 죄를 위해 십자가에서 죽으시는 모습을 보게 된다. 하지만 바로 그 십자가에서 예수님은 우리를 대신해 희생 제물이 되시는 한편 여전히 교사의 모습을 보여 주신다. 자신을 십자가에 못 박는 이들을 위해 기도하심으로써 우리에게 모범적 가르침을 주시는 것이다. 그리고 십자가에서 우리는 우주적 드라마의 제2막을 보게 된다. 성육신을 통해 이 땅에 오셔서 우리 중 한 사람이 되신 분께서 죽음에 자기 자신을 복종시킴으로써 이제 죽음과 악을 정복하기 위해 악의 권세가 거하는 곳으로 들어가신다.

   그 승리는 부활 때에 임하며, 이는 십자가에서 자신을 내주신 분이 신(神)이시라는 표 또는 증거일 뿐만 아니라 위대한 승리 또는 우주적 드라마의 제3막이기도 하다. 첫 번째 성탄절 때 성육신 하신 하나님, 그 비통한 성 금요일에 고난당하신 하나님, 그 하나님이 죽으신 지 사흘 되는 날에 죽은 자 가운데서 다시 일어나셨고, 이렇게 해서 죽음 자체와 악의 모든 권세를 정복하셨다. 흥미롭게 주목할 점은, 예수님의 죽음을 묘사하는 대다수 고대 미술 작품을 보면 예수님이 음부의 문을 부수고 거기 포로로 잡혀 있던 이들을 자유롭게 해 주시는 것을 볼 수 있다는 것이다. 이것이 바로 몇몇 고대 그리스도인 저자들이 그 부활절 아침에 예수님이 "죽음을 죽이셨다"고 축하하고 단언하는 이유다.

이어서 우리는 승천 부분에 이르게 되는데, 이 승천은 종종 간과되기도 하는 사건이다. 승천은 십자가에서 죽으신 분의 승리이며, 이분은 지금 아버지의 오른편에 앉아 계신다. 아버지의 오른편에 앉아 계신 이분은 인간이기도 하시기에, 승천은 우리 자신이 거둘 승리의 첫 열매다.

마지막으로, 이 모든 사실은 "하늘에 있는 자들과 땅에 있는 자들과 땅 아래에 있는 자들로 모든 무릎을 예수의 이름에 꿇게"(빌 2:10) 하는 최종 완성의 영광스러운 날을 가리킨다.

이는 다른 말로도 표현할 수 있다. 예를 들어, 예수님은 우리가 하늘 보좌 앞으로 부활할 수 있도록 우리에게 오신다고, 그분은 자신의 승리를 통해 우리도 죄와 죽음을 포함해 우리를 억압하는 모든 권세에 승리할 수 있도록 우리 대신 희생 제물이 되신다고 단언할 수 있다.

이것이 바로 신약성경에서 예수님을 가리켜 새 아담이라고 하는 말의 의미다. 하나님의 말씀은 창조가 시작될 때도 계셨고 하나님의 말씀이신 그분을 통해 만물이 창조되었는데, 이제 자신의 창조 세상을 완성 상태로 이끌기 위해 그분이 세상으로 들어오셨다. 바울의 말처럼, 첫 아담은 생명을 받은 반면, 새 아담께서는 생명을 주신다(고전 15:45). 옛 아담이 모든 타락한 인간의 머리인 것처럼, 새 아담은 회복된 새 인류의 머리다. 이 주제에 대해서는 그리스도의 몸으로서의 교회를 다룰 때 다시 살펴볼 것이다.

칭의와 예정 알기

이 시점에서는 칭의라는 주제를 다루는 게 현명할 것이다. 흔히 알려진 것처럼 프로테스탄트 종교개혁의 주요 강조점 중 하나는 "믿음에 의한 칭의"다. 잘 알려진 이야기 중에 마르틴 루터가 죄인인 자신이 어떻게 정결하고 의롭고 거룩하신 하나님 앞에 나아갈 수 있는지 이해할 수 없어 깊이 고뇌했던 경험 이야기가 있다. 그렇게 고뇌하던 루터는 로마서에서 "의인은 믿음으로 말미암아 살리라"(롬 1:17)라는 구절을 읽고 칭의가 인간의 일이 아니라 우리가 우리 것으로 삼을 수 있는 하나님의 일이며 믿음을 통해 우리가 이 일을 의지할 수 있다는 결론에 이르렀다. 믿음이 우리를 의롭게 해 주지는 않는다. 그보다 믿음은 하나님의 은혜가 내리는 예기치 못한 평결, 즉 우리가 죄에서 자유로워졌다고 선언하는 말을 들을 수 있게 해 준다. 다시 말하지만 칭의는 우리가 하는 어떤 일이 아니라 하나님께서 우리를 위해 해 주시는 일이다.

 그렇다고 해서 선행이 불필요하다는 뜻은 아니다. 다만 이는 그런 행위가 우리를 의롭게 해 주거나 하나님 보시기에 더 가치 있게 만들어 주지는 못한다는 뜻이다. 선행이 필요한 이유는 선행이 우리를 구원하기 때문이 아니라, 선행이 참믿음의 필연적 결과이기 때문이다. 선행이라는 결과를 낳지 않는 선한 믿음 같은 것은 없다. 하지만 선행이 우리에게 구원을 안겨 준다고 생각한다면 이는 우리 죄가 얼마나 중대하며 그 죄가 하나님의 거룩함과 얼마나 대비되는지를 무시하는 것이다. 우리가 말하는 "믿음에 의한 칭의"란 바로 그런 뜻이다. 그런 믿음은 믿음이 우리를 구원하도록 하려는, 교묘한 종류의 공로가 아니다. 우리를 구원하시는 분은 하나님이시며, 믿음은 우리가 그 구원을 알고 받아들일 수 있도록, 그리고 그 구원에 대한 약속을 의지할 수 있도록 우리를 이끈다.

마지막으로, '우리가 어떻게 구원에 이르는가'라는(아니, '구원이 어떻게 우리에게 임하는가'라고 하는 게 더 나을 것이다) 주제에 관해서라면 적어도 예정과 자유의지라는 논란 많은 쟁점을 더 언급해야 한다. 예정과 자유의지를 희화화하는 주장들이 종종 등장하지만 여기서 그런 주장까지 다루지는 않겠다. 한편, 예정과 결정론 사이에는 엄청난 차이점이 있다. 결정론은 이미 만사가 미리 정해져 있다는 뜻이다. 내가 지금 이 글을 쓰고 있다면 이는 하나님께서 창세전에 그렇게 되도록 정해 두셨기 때문이고, 여러분이 이 글을 읽는다면 이 또한 같은 이유 때문이라는 것이다. 그러나 예정이라는 신학적 주장은 그런 결정론과는 아무 관련도 없다. 한마디로 예정이란, 우리가 믿는다면 이는 주로 하나님께서 하시는 일 때문이지 선한 백성으로서 우리의 결단 때문이 아니라는 것이다. 반면 자유의지는 우리가 흔히 생각하는 것처럼 언젠가 하나님의 도움이나 간섭 없이 우리가 하나님을 믿기로 그냥 결정할 수 있다는 뜻이 아니다. 그보다 이는 하나님이 우리를 강요해서 믿게 만드시지는 않으며, 하나님이 제공하는 칭의를 우리가 믿음으로 받아들이는 것이 우리 자유의지의 표현이라는 뜻이다.

이 두 가지 주장에는 저마다 위치가 있고 목적이 있다. 예정 교리는 우리가 자신의 믿음을 뽐내거나, 혹은 믿지 않는 사람들보다 우리가 더 가치 있다고 생각할 수 없게 만든다. 구원은 무엇보다도 하나님에게서 오는 선물이다. 하나님께서 주시는 칭의를 받아들이고 싶어 하지 않는 이들이 있는데, 자유의지 교리는 이들이 이에 대해 하나님 탓을 하지 못하게 만든다. 칭의의 선물을 훼방하는 것은 사실 이들의 의지인 까닭이다. 예정과 자유의지 두 가지 교리 모두 필요하다. 이 두 교리 덕분에, 믿는 사람들은 어떤 공로도 주장할 권리가 없고, 믿지 않는 사람들은 핑곗거리가 없기 때문이다.

이 문제가 끝없는 논쟁으로 이어지고 교회 안에 쓰라린 분열을 낳는 이유는, 이 책 서두에서 교리란 위험한 절벽에서 우리를 지켜 주는 울타리라고 했던 말을 우리가 망각하기 때문이다. 예정 교리는 우리 자신의 믿음을 뽐내는 영적 교만의 위험에 관해 우리에게 경고한다. 자유의지 교리는 다른 극단에 관해 우리를 경계시킨다. 우리가 예정론 방향으로 너무 멀리 가면, 우리의 바람직하지 못한 결단에 관해 하나님을 탓할 위험이 있기 때문이다. 우리가 예정론과 자유의지에 관해 되풀이해서 빠져드는 오류가 있는데, 그것은 이 교리를 심각한 착각을 방지해 주는 경고로 생각하기보다 절대적이고 엄밀하게 묘사된 현실로 생각한다는 것이다. 마치 인간이 하나님의 비밀한 구상을 이해할 수 있기라도 한 것처럼 말이다.

생각과 토론을 위한 질문

1. 그리스도인들은 예수님이 신이기도 하고 인간이기도 하다고 단언한다. 예수님이 순전히 신이라고 주장한다면 어떤 결과가 따르겠는가? 예수님이 순전히 인간이라고 주장한다면 어떤 결과가 따르겠는가?

2. 우리가 예수님은 참으로 하나님이시며 참으로 인간이라고 단언한다면, 이는 하나님에 관해 무엇을 말해 주는가? 참으로 인간이라는 게 무슨 의미인지에 대해 무엇을 말해 주는가?

3. 이 장에서 나는 예수님 및 예수님이 우리를 위해 하시는 일에 관해 말하는 다양한 방식을 언급했다. 그중 어느 것이 여러분의 경험에 가장 뚜렷이 부합하는가? 그리고 그 이유는 무엇인가?

4. 예정 교리에서 어떤 긍정적 가치를 보는가? 자유의지 교리에서는 어떤 긍정적 가치를 보는가? 인간 의지의 자유 같은 것은 없는 양 오직 예정의 관점에서만 생각한다면 어떤 일이 벌어지겠는가? 우리의 구원이 하나님의 뜻에 달려 있지 않은 양 오직 자유의지의 관점에서만 생각한다면 어떤 일이 벌어지겠는가?

5

성결의 영

앞 장에서 우리는 하나님께서 예수 그리스도 안에서 우리를 의롭다 여기신다는 것을 살펴보았다. 칭의란 하나님께서 우리를 의롭다고 선언하시되, 우리 자신의 의가 아니라 그리스도의 의에 근거해서 그렇게 하신다는 뜻이다. 하지만 이는 하나님이 우리를 의롭다 선언하신 데 만족하고 우리를 전과 똑같은 모습으로 내버려 두셔서 죄 가운데 뒹굴게 하시고 그리하여 죄에 오염되게 하신다는 말이 아니다. 우리는 구원이 마치 하나님의 임재 안에서 영생한다는 약속에 불과한 것인 양 말할 때가 많지만, 사실 구원에는 그보다 훨씬 많은 의미가 있다. 구원은 거룩한 은혜로 우리를 의롭다 선언하시는 하나님께서 우리 삶이 하나님의 목적을 더욱 선명히 반영할 수 있는 방식이 되도록 우리 삶에서 계속 일하시는 과정이기도 하다. 이를 가리켜 우리는 성화(聖化)라고 한다. 이렇게 구원에는 칭의뿐만 아니라 성화도 포함된다. 아주 명확히 이야기하자면, 우리가 거룩하기 때문에 하나님께서 우리를 의롭다 하시는 것이 아니라, 우리가 의롭다 여김 받았기 때문에 하나님께서 우리를 거룩함으로 부르시는 것이다.

달리 표현하자면, 하나님께서는 우리 자신의 거룩함 때문에 우리를 용서하는 게 아니라는 뜻이다. 사실은 우리가 아직 죄인일 때도 우리를 사랑하시고 의롭다 하시는 하나님께서 여전히 우리를 사랑하시고 우리 안에서 일하시며, 그리하여 우리는 마땅히 갖춰야 할 모습으로 하루하루 점점 변화된다.

이를 깨닫는 한 가지 방법은 치료와 건강의 관계 및 차이점을 생각해 보는 것이다. 아픈 사람에게는 치료가 필요하다. 하지만 치료가 곧 건강은 아니다. 치료는 아픈 상태에 대한 해결책이요 구제책이다. 일단 병이 나으면 회복의 과정을 거쳐야 참으로 건강한 상태가 된다. 건강해지지 않으면 치료는 여전히 불완전하다. 마찬가지로, 칭의는 성화가 없으면 여전히 불완전하다.

여러 세대에 걸쳐 몇몇 그리스도인 저자들은 성령이 없으면 구원도 없다고 단언함으로써 이러한 현실 및 이 현실과 성령의 관계를 글로 표현해 왔다. 우리가 성령이 없으면 구원받을 수 없는 첫 번째 이유는, 예수 그리스도를 주로 고백하기 위해서는 성령으로써 그렇게 해야 하기 때문이다. 그래서 바울은 "성령으로 아니하고는 누구든지 예수를 주시라 할 수 없느니라"(고전 12:3)라고 말한다. 당연한 말이지만, 바울의 이 말은 입으로만 예수를 주로 고백하는 게 아니라 예수 그리스도를 주님으로 모시는 것을 뜻한다. 성령이 없으면 구원받을 수 없는 두 번째 이유는, 구원은 칭의에 한정되는 게 아니라 성화까지 포함하며, 이 성화는 성령의 구체적 사역이기 때문이다. 이렇게 성령은 믿음의 시작 단계에서부터 일하시면서 우리를 부활하신 그리스도께로 이끌어 그분 몸의 지체가 되게 하신다. 이어서 이 성령께서 그리스도의 몸의 지체인 우리를 성화로 인도하신다.

성령은 누구신가?

칭의가 우리가 하는 일이 아니라 예수 그리스도께서 하시는 일인 것처럼, 성화 또한 우리가 하는 일이 아니라 성령께서 하시는 일이다. 유감스럽게도 성령론은 마땅히 주목받아야 할 만큼 늘 주목받지는 못했다. 그 결과, 성령을 이야기할 때 우리는 중요하기는 하되 부차적인 문제에 초점을 맞출 때가 많다. 그래서 우리는 두 가지를 고려하게 된다.

먼저, 성령은 하나님이심을 강조하는 게 중요하다. 성령은 성부나 성자와 다름없이 신성을 지니신 분이다. 성자처럼 성령도 영원 전부터 존재하신다. 하나님은 영원히 성부, 성자, 성령이시다. 교회에서 우리가 성령의 약속을 체험하는 게 사실이지만, 창세 때부터 하나님의 영이 수면 위를 운행하신 것도 사실이다(창 1:2). 하나님이 예수 그리스도 안에서 성육신하심이 성령의 역사로 일어난 것 또한 사실이다(눅 1:35). 성령을 소홀히 하는 것은 하나님을 소홀히 하는 것이다. 성령께 귀 기울이고 순종하는 것은 하나님께 귀 기울이고 순종하는 것이다.

두 번째 중요 사항은 우리 가운데서 일어나는 성령의 역사와 관련 있다. 이미 말한 것처럼, 성경은 성령께 이끌리지 않으면 예수 그리스도를 참으로 주님으로 고백하기가 불가능하다고 말한다. 다시 말해, 이는 먼저 예수님을 믿고 그다음으로 성령의 인도를 받는 문제가 아니다. 우리가 예수님을 믿는다는 바로 그 사실이 이미 성령의 임재를 나타낸다. 성령은 하나님이시기에, 하나님께서 일하시는 것을 우리가 볼 때마다 거기에는 성령이 임재해 계신다.

전통 신학이 성령에 충분히 주목하지 않는 부분적 이유는 아마 관심 부족 때문일 것이다. 하지만 좀 더 중요한 이유는 마치 바람처럼 예기치 않은 방식으로 불어오는 존재(요 3:8)에 대해 말한다는 것은 어려운 일이기 때문이다. 성령의 자유로움은 하나님의 절대 주권을 연상시킨다. 우리는 하나님을 우리 마음대로 정의하고 기대하며 상자 안에 가두지 못한다. 성령에 대해 말하고 생각하다 보면, 하나님을 어떤 틀 안에 가두지 못한다는 사실이 더 분명해진다.

이 사실은 성경에서 분명히 볼 수 있다. 사도행전 8장에서 사도들이 사마리아 신자들에게 안수하자 이들이 성령을 받는다. 이 광경을 보면, 성령을 받기 위해서는 먼저 믿고 그다음에 안수를 통해 성령을 받아야 한다고 단정하게 될지도 모른다. 하지만 사도행전 10장에서 고넬료와 그의 집안사람들은 세례 받기 전에 성령을 받는다. 그런데 사실은 이들이 성령을 받았음을 입증하기 때문에 베드로는 이들에게 세례를 주기로 결정한다. 성경에 등장하는 대부분의 경우, 성령께서 신자들을 감동시켜 믿음을 선언하게 하지만, 사도행전 16장 6절에는 "성령이 아시아에서 말씀을 전하지 못하게" 바울과 그의 일행을 가로막았다는 놀라운 주장이 있다. 성령께서 개별 신자를 찾아오실 때도 있지만, 사도행전 13장 2절에서 성령께서는 바울과 바나바에게 직접 말씀하시기보다 신자들에게 "내가 불러 시키는 일을 위하여 바나바와 사울을 따로 세우라"라고 말씀하신다. 이 모든 광경은, 성령께서 하시는 일에 대해 말할 때 우리는 불타는 떨기나무 앞에서 모세가 그랬던 것처럼 조심스러워야 한다는 것을 알려 준다. 우리가 서 있는 곳은 거룩한 땅이기 때문이다.

성령의 은사 알기

이러한 배경 지식이 있으면 신자와 교회를 성화시키는 성령의 구체적 사역에 초점을 맞출 수 있다. 성령께서는 우리의 성화를 위해 개별 그리스도인 안에서 일하신다. 그리고 동일한 그 성령께서 교회의 성화를 위해 교회 안에서 일하신다. 이것이 무슨 뜻인가 하면, 우리는 흔히 성령의 "특별한 선물"이라고 하는 것, 즉 방언이나 치유 같은 은사를 찬미하지만, 이 모든 은사의 목적은 성화라는 것이다. 이 사실은 바울이 고린도 교인들에게 보내는 첫 번째 편지에서 분명히 알 수 있다. 이 편지 12장에서 바울은 성령의 다양한 은사 및 그 은사가 그리스도의 몸을 세우는 일에서 각각 어떤 역할을 하는지에 대해 말한다. 여기서 바울은 몸이라는 이미지를 써서 교회에 대해 말하는데, 이 몸에서 각 지체는 각자 받은 은사에 따라 특별한 기능을 한다. 어떤 지체도 다른 지체는 중요하지 않은 양 자신의 특별한 은사를 자랑할 수 없다. 예언,

가르침, 기적 행하기, 치유, 방언 등 이 모든 은사는 다 몸을 세우기 위해 성령께서 하시는 일이다. 그러므로 이 모든 은사는 동등하게 존중하고 감사할 만한 가치가 있다. 자신에게는 다른 이에게 없는 특별한 은사가 있으므로 다른 이들보다 자기가 더 중요하다고 생각하거나 주장하는 사람이 있다면, 이는 마치 자기 몸에 달린 손을 향해 "나는 네가 필요 없다"라고 말하는 것과 똑같다. 성령의 은사는 그리스도의 몸에 모두 똑같이 중요하며, 따라서 은사를 받은 사람은 은사를 받은 사람들 가운데서 조화롭게 일해야 한다.

이 모든 일에서 강조되어야 할 점, 그리고 흔히 망각되는 점은, 성령의 은사는 주로 우리 개인의 유익을 위해서가 아니라 교회 공동체, 즉 그리스도의 몸을 위해 주어지는 선물이라는 것이다. 그래서 바울은 12장 끝에서 성령의 은사에 대해 이야기하고 이 은사를 사모하라고 수신인들에게 권면한 뒤 "내가 또한 가장 좋은 길을 너희에게 보이리라"라고 말한다. 그 가장 좋은 길이란, 바로 다음 구절에서 볼 수 있다시피, 사랑이다. "내가 사람의 방언과 천사의 말을 할지라도 사랑이 없으면 소리 나는 구리와 울리는 꽹과리가 되고 내가 예언하는 능력이 있어 모든 비밀과 모든 지식을 알고 또 산을 옮길 만한 모든 믿음이 있을지라도 사랑이 없으면 내가 아무것도 아니요"(고전 13:1-2).

교회 역사 도처에서, 성령의 은사를 논할 때마다 많은 신자가 한두 가지 오류에 빠졌다. 우리는 어떤 때는 교회 질서(우리 인간이 질서라고 생각하는 것)가 성령의 자유로움보다 더 중요한 것처럼 행동한다. 이런 경우, 누군가가 기이한 방언으로 말하거나 기적을 언급하면, 마치 머리가 발을 향해 "나는 네가 필요없다"라고 말할 수 있는 양, 이 사람에게 침묵을 강요하거나 그를 배제한다. 한편, 성령의 은사가 지나치게 개인주의적 방식으로 이해될 때도 있다. 마치 이 은사가 교회 전체의 유익이 아니라 특정 신자의 유익을 위한 것이기라도 한 것처럼 말이다. 이런 경우, 그리스도인들은 때로 경쟁심에 사로잡혀, 자기 은사가 다른 사람의 은사보다 훌륭하다고 주장한다. 바울이 고린도 교인들에게 보내는 첫 번째 편지 14장에서 언급하는 게 바로 이 문제다. 여기서 바울은 성령의 은사에 관한 한 **교회의 덕을 세우기 위하여** 그것이 풍성하기를 구하라"(고전 14:12, 강조는 필자가 한 것)라고 말한다.

혹시 있을 수도 있는 오류에 빠지는 일이 없도록 여기서도 울타리로서의 교리 이미지에 다시 한 번 도움을 받는 게 좋겠다. 교회 전체가 이 고원에 살고 있고, 우리는 하나님의 은혜로 이 고원에서 자유로이 이동해 다닌다. 고원 가장자리에는 교회의 삶에서 성령의 행동을 제한하고 통제하고 싶은 마음이라는 위험한 절벽이 있다. 그 오류를 피하기 위해 우리는 예수님 자신이 성령에 관해 하신 말씀, 즉 성령은 바람과 같아서 임의로 분다(요 3:8)는 말씀을 기억해야 한다. 그런데 고원 반대편 가장자리에는 우리가 빠질 수 있는 정반대의 오류가 있는데, 이는 성령의 은사가 우리에게 주어지는 이유가 주로 교회를 세우기 위해서이지 자기만의 기쁨을 얻거나 자기를 자랑하기 위해서가 아니라는 사실을 잊는 것이다. 우리가 첫 번째 오류에 빠지면 교회가 활기를 잃는다. 하나님께서 우리를 놀라게 하시거나 우리가 만들어 낸 질서와 우리의 예측에 개입하셔도 더는 이를 기꺼이 받아들이지 않기 때문이다. 두 번째 오류에 빠지면 교회가 일치성을 잃는다. 우리 각 사람이 저마다 특정한 개별적 은사를 추구하고, 심지어 우리끼리 경쟁을 벌이기 때문이다. 이 두 가지 오류 사이에는 성령께서 무슨 은사든 자신의 뜻대로 자신이 원하시는 때에 우리에게 주신다는 명백한 사실이 자리 잡고 있다.

성령과 성화

개인의 성화나 교회 전체의 성화를 말할 때 우리가 가리키는 것은 교회의 덕을 세우기다. 성화 과정에서 성령께서 주권적 자유로 일하시기는 하지만, 우리는 이 성령이 성경에 영감을 주시고 성경을 통해 여전히 우리에게 말씀하시는 분임을 기억해야 하며, 따라서 성경은 성화 과정에서 우리의 최고 안내자라는 사실 또한 기억해야 한다. 칭의란 우리가 하는 일이 아니라 하나님께서 하시는 일임을 잊을 경우, 성경 본문은 우리가 성취할 수 없는 무거운 율법의 짐 앞으로 종종 우리를 다시 데려간다. "율법의 행위로 그의 앞에 의롭다 하심을 얻을 육체가 없나니"(롬 3:20)라는 바울의 말은 바로 그런 뜻이다. 율법으로서의 성경을 보면, 우리가 원래 어떤 모습이어야 하며 그 모습에서 얼마나 멀어져 있는지를 알 수 있다. 유감스럽게도 우리는 너무 자주 그 상태에 머물며, 그리하여 타인에게 똑같이 무거운 짐을 지우는 게 우리가 할 일이라고 생각하는, 적의 가득한 그리스도인이 된다. 그렇게 되면 기독교는 영원히 타오르는 불길의 위협 앞에서 "이거 해라", "저건 하지 말라"라는 문제가 되어 버린다.

하지만 하나님께서 우리의 거룩함이나 율법에 순종하는 행위 때문이 아니라 하나님으로서의 자애로운 은혜로 우리를 의롭다 하신다는 것을 참으로 깨달으면, 전에는 가차 없어 보였던 이 율법이 이제는 친절해진다. 전에 명령이었던 것이 이제 약속이 되니 말이다.

십계명의 첫 번째 계명을 예로 들어 볼 수 있다. "너는 나 외에는 다른 신들을 네게 두지 말라"(출 20:3). 이 계명은 마땅히 진지하게 받아들여야 하는데, 그럴 경우 이 계명은 무거운 짐이 될 수 있다. 사실 우리는 다 하나님 외에 다른 신들을 둔다. 어떤 이에게는 돈이 그 신이고, 어떤 이에게는 명성이 그 신이다. 어떤 이에게는 야망이 그 신이고, 어떤 이에게는 성공이 그 신이다. 어떤 이에게는 가족이 그 신이다. 우리가 그런 것을 신이라 부르지 않을지라도, 실제 관행 면에서는 신이다. 이런 것들은 고대 이방 신이 그 추종자들의 삶을 지배했듯이 우리 삶을 지배하며, 우리는 고대인들이 자기 신 앞에 희생 제물을 바쳤듯이 이 신들의 제단 앞에 희생 제물을 바친다. 이렇게, 하나님 외에 다른 신을 두지 않는다는 것은 닿을 수 없는 목표임이 드러나고, 이 계명 자체가 우리를 정죄한다. 하지만 우리가 하나님의 은혜로써 의롭다 여김 받는다는 것을 알면, 성령께서 우리의 성화를 위해 우리 안에서 일하신다는 것을 알면, "다른 신들을 네게 두지 말라"는 동일한 계명을 우리는 하나의 약속으로 읽을 수 있다. 다시 말해, 정말로 우리 앞에 다른 신을 두지 않는 날이 올 것이다. 이것을 하나님께서 우리에게 약속하심은, 우리가 어떤 사람인지 혹은 우리가 어떤 행동을 하는지에 달려 있지 않고, 오직 성령께서 우리 안에서 행하고 계신 일 덕분이다.

이 모든 것은 우리가 흔히 잊곤 하는 중요한 사실로 우리를 인도한다. 즉, 우리의 거룩함은 우리가 성도답거나 순전하거나 다른 사람보다 죄를 덜 짓는 데 근거하는 게 아니라, 지극히 거룩하신 머리, 즉 그리스도와의 연합에 뿌리를 둔다는 것이다. 바울이 고린도 교인들을 "성도"라 부르면서도 곧이어 이들 가운데 있는 온갖 죄와 불화에 대해 말하는 것을 봐도 놀라지 말아야 할 이유가 바로 이것이다. 고린도 교인들이 성도인 이유는 이들이 선해서가 아니라 성령께서 이들 가운데서 일하시면서 이들을 그리스도의 몸의 지체로 만드시기 때문이다. 이런 성도들은 분명 하나님의 뜻을 따라 살 것으로 기대할 수 있지만, 그런다고 해서 이들이 성도가 되지는 않는다. 성도로 존재한다는 것은 '내가 너보다 거룩하다'라고 생각하면서 짐짓 고결한 체하는 게 아니다. 거룩함을 그런 식으로 이해한다면 이는 일의 전후가 바뀐 것이다. 사실은 성령의 능력으로 우리에게 거룩함이 주어짐에 따라 하나님의 뜻을 따라 살고자 하게 되고, 그리하여 선한 행동을 하게 되는 것인데, 거꾸로 선행이 우리를 거룩하게 만드는 양 생각하는 것이다.

참된 거룩함과 "내가 너보다 거룩하다"라는 태도가 이렇게 다르다는 것을 잊는 바람에, '거룩한 사람' 하면 타인의 죄를 지적하는 데 몰두하는 가혹하고 까탈스러운 사람을 떠올릴 때도 있다.

참된 거룩함은 마음을 기쁘게 한다. 이는 하나님의 약속에 근거한 삶이고, 그러므로 고린도전서 13장에 설명된 그런 사랑을 실천하는 삶이기 때문이다.

성령은 어떻게 일하시는가

성령께서 일하시는 방식을 더 깊이 이해하려면 사도행전 2장에서 예수님의 승천 후 오순절에 어떤 일이 있었는지 다시 한 번 생각해 보는 게 도움이 될 것이다. 이 구절에서 우리가 첫 번째로 주목하게 되는 것은, 오순절을 묘사하는 고전적 그림에서 우리가 흔히 보고 생각하는 것과 달리 성령은 사도들과 지도자들에게만 임하시지 않았다는 것이다. "그들이 다 같이 한곳에 모였더니 … **그들이 다** 성령의 충만함을 받고." 성령의 은사는 교회 지도자들이나 몇몇 특정 개인에게만 한정되는 게 아니라 모든 신자에게 넉넉히 임할 수 있다. 그래서 이 은사가 성도의 일치라는 정황에서 임한다는 말씀을 보게 된다. "그들이 다 **같이** 한곳에 모였더니"(2:1-4, 강조는 필자가 한 것). 우리는 자신이 성령께 특별한 은사를 받았으므로 이 점 때문에 다른 사람들과 구별된다고 생각할 때가 너무 많다. 심지어, 그런 은사를 받으면 이는 자신이 다른 사람보다 거룩하기 때문이라고 생각하는 단계까지 가기도 한다. 그러나 사실은 그렇지 않다. 우리의 거룩함이 성령을 불러들이는 게 아니라, 거룩함을 안겨 주시는 분이 성령이시다. 여기서도 고원 비유가 또다시 도움이 된다. 고원 한쪽 가장자리에 신자가 성령의 인도를 받는 것을 허용하지 않음으로써 교회의 사명을 훼방하는 질서와 계급 체계라는 절벽이 있다면, 반대편 가장자리에는 성령이 우리에게 나타나셨다고 생각하고는 이를 이유 삼아 자기 자신을 다른 이들보다 우월하게 여겨 그들과 어울리려 하지 않는 절벽이 있다.

오순절 기사에서 "다"(all)라는 말이 반복해서 쓰이는 데서 우리는 성령의 은사의 포괄성을 볼 수 있는데, 이 포괄성은 베드로가 이때 일어난 일을 설명하는 데 쓰는 단어들의 핵심에도 자리 잡고 있다. 어떤 이들이 무리가 술 취했다고 조롱하자 베드로는 이들이 보는 광경이 요엘의 예언이 성취된 것이라고 말한다. "너희의 자녀들은 예언할 것이요 너희의 젊은이들은 환상을 보고 너희의 늙은이들은 꿈을 꾸리라"(행 2:17). 다시 말해, 성령이 부어짐에 따라 남자와 여자, 젊은 사람과 늙은 사람 사이에 포괄성과 동등성이 생긴다. 성령의 임재는 분열을 낳거나 어떤 사람이 어떤 사람 위에 있게 하지 않고 오히려 정반대의 결과를 낳는다.

또 한 가지 중요하게 주목할 점은 이 구절이 문화적 포괄성 또한 역설한다는 것이다. 성령이 부어지는 목적이 모두가 다 복음을 들을 수 있게 하려는 것이라면, 이 목적은 두 가지 방법 중 하나로 이뤄질 수 있다. 모든 이들이 사도들을 비롯해 대다수가 쓰던 아람어를 알아듣게 하는 것이 한 가지 가능한 방법이고, 각 사람이 자기 고유의 말로 복음을 알아듣게 하는 것이 또 한 가지 방법이다. 첫 번째 방법을 쓰면 첫 사도들의 언어와 문화가 특별하고도 영속적인 지배권을 갖게 될 것이다. 두 번째 방법은 실제로 일어난 일로서, 복음이 모든 언어와 문화 가운데 선포되며 모든 언어와 문화로 동등하게 구체화될 가능성 및 그렇게 되어야 할 필요성을 단언한다.

마지막으로, "영감"(inspiration)이라는 말에 주목하자. 이는 성령의 역사와 관련해서 흔히 쓰이는 단어다. 특히 어떤 사람이나 운동에 영향을 끼친다는 뜻으로 흔히 쓰이는 "영감을 주다"라는 동사가 호흡 과정을 뜻하는 말과 관련된 것을 생각하면, 이는 매우 적절한 표현이다. 우리는 폐에 공기를 채우려고 들숨을 쉰다. 즉, 공기를 들이마신다(inspire). 성령이 없는 그리스도인의 삶은 산소 없는 인간 생명과 마찬가지로 있을 수 없는 일이다. 사도들과 선지자들이 글을 쓸 때 영감을 주신 분이 성령이라면, 오늘날 그 글을 읽는 우리에게 영감을 주시는 분도 바로 그 성령이시다. 성경이 하나님의 말씀임은 성경이 기록될 때 영감을 주신 성령께서 이제 성경이 읽힐 때도 영감을 주시기 때문이다.

이 점과 관련해 주목할 것은, 복음서에서 마귀 자신도 예수님을 유혹하기 위해 성경을 들먹인다는 점이다. 남을 비난하거나 우리 자신의 행동·속성·기호를 정당화하기 위해 성경을 이용할 수도 있다. 하지만 성경이 성령의 최고 은사인 사랑 없이 쓰이면, 마귀가 예수님을 유혹할 때 성경이 쓰인 것처럼 왜곡된 방식으로 쓰인다. 성경은 성경 기록자들에게 영감을 주신 성령의 영감 아래서 읽을 때 비로소 우리에게 하나님의 말씀이 된다. 이 성령은 사랑의 영이시다. 바울의 말처럼, 사랑이 없으면 우리는 아무것도 아니다.

생각과 토론을 위한 질문

1. 요한복음 3장 8절을 읽으라. 바람과 성령의 유사점은 무엇인가? "영감을 준다"는 말은 이 유사점을 이해하는 데 도움이 되는가? 그렇다면, 우리가 산소를 들이마시지 않으면 살 수 없는 것처럼, 교회도 성령의 영감이 없으면 살 수 없는 게 사실인가?

2. 우리가 거룩하기 때문에 우리에게 성령이 있다고 생각하는가, 아니면 우리에게 성령이 있기 때문에 우리가 거룩하다고 생각하는가? 이는 신자로서의 우리 삶과 하나의 몸으로서의 교회의 삶에 어떤 구체적 차이를 낳는가?

3. 성경은 성령의 영감을 받았기 때문에 하나님의 말씀이라고 우리는 말한다. 바로 그 성령의 도움 없이 성경을 읽는다면, 그래도 성경이 여전히 우리에게 하나님의 말씀인가?

4. 우리가 성경을 읽을 때 성령의 영감을 받아 읽는다고 주장하고, 실제로 그렇기를 바란다면, 우리가 성경을 읽고 해석할 때 교회가 하는 역할이 있는가? 그 역할과 교회가 "고원 가장자리의 울타리"로 세워 두는 교리 사이에는 어떤 상관관계가 있는가?

6

교회: 성령의 공동체

지금까지 살펴보았다시피, 성령의 은사의 주 목적은 그리스도의 몸을 세우기다. 그러므로 성령에 관해 생각해 볼 때는 그 즉시 교회도 고려해야 한다. 그리스도를 믿는 신자라는 것은 그 정의상 그리스도의 몸의 일부라는 뜻이기도 하다. 그분이 머리이시고, 그분을 믿는 우리는 그 몸의 지체다. 우리 몸의 지체가 살 수 있음은 몸의 생명 전체를 공유하기 때문인 것처럼, 그리스도인을 자처하는 우리는 그분의 몸에 참여함을 통해서만 존재할 수 있다.

이 사실에 초점을 맞추려면 우리가 말하는 '교회'가 무슨 의미인지 명확히 할 필요가 있다. 가장 넓은 의미에서, 그리고 가장 정확한 의미에서 교회는 예수 그리스도를 믿고, 몸의 지체들이 몸의 일부를 형성하는 것과 비슷한 방식으로, 또는 가지가 포도나무에 접붙여지는(요 15:5) 것처럼 그분의 몸에 접붙여지는 모든 사람들의 총체다. 우리가 흔히 말하는 '보이지 않는 교회'(invisible church)란 이린 의미에서 하는 말이다. 이 표현에는 긍정적인 쓰임새가 있다. 교회는 과거와 현재의 수많은 사람들을, 모이는 것을 우리가 한 번도 본 적이 없고, 어느 한 조직 교회의 일원이 아닌 사람들까지 다 포괄하기 때문이다. 그런 한편, 교회는 언제나 가시적이어야 한다. 교회는 역사와 현재 삶에 유형적으로 나타나지 않는, 순전히 영적이기만 한 현실이 아니다. 오히려 교회는 언제나 구체적으로 존재하며, 신자 무리가 있는 곳에는 어디에나 교회가 있다.

교회란 무엇인가?

이 모든 말은 무슨 의미인가? 첫째, 예수 그리스도의 교회는 특정한 조직에 한정되지 않는다는 뜻이다. 교회 조직에 속하지 않은 사람이라고 해서 그 사람이 교회의 일부가 아니라고 말할 수 없다. 바울이 고린도서에서 분명히 말하는 것처럼, 눈은 손이 필요 없다고 말할 수 없고, 머리는 발이 필요 없다고 말할 수 없다.

둘째, 그리스도를 믿는 신자란 그리스도의 몸의 지체이기도 하며, 따라서 수백 년 세월에 걸쳐 여러 대륙에 퍼져 있는 이 신실한 이들의 공동체에 속하지 않고서는 참된 신자이기가 불가능하다는 뜻이다. 이 공동체는 언제나 구체적 집단 속에 존재하기에, 그리스도인 삶의 가장 중요한 부분은 교회 공동체에 속하고 참여하는 것이다.

셋째, 보이는 교회와 보이지 않는 교회가 구별된다는 것은, 보이는 교회에 속했다는 단순한 사실만으로 우리가 보이지 않는 교회의 일원임이 보장되지는 않는다는 뜻이다. 우리가 잘 알다시피, 보이는 교회에는 밀도 있고 가라지도 있다. 하지만 그 비유가 가르치는 것처럼, 누가 밀이고 누가 밀이 아닌지, 누가 보이지 않는 교회에 속했고 누가 속하지 않았는지 판단하는 것은 우리가 할 일이 아니다.

이 모든 사실은 우리 형제 키프리아누스의 말로 귀결된다. 키프리아누스는 거의 천팔백 년 전 북아프리카 카르타고의 감독이었던 사람으로, 그의 말에 따르면 "교회를 어머니로 소유하지 않은 사람은 하나님을 아버지로 모실 수 없다." 이 한마디 말은 당연히 많은 논쟁을 불러일으켰고 다양한 방식으로 해석되었다. 이 말은 특정 교회 조직에 속하지 않은 사람은 예수 그리스도를 믿는 참된 신자일 수 없다는 뜻으로 아주 자주 오해되었다. 달리 말해 그리스도의 교회가 오직, 배타적으로, 가시적 교회 중 한 곳일 뿐이라면, 이는 그 교회 지도자들이 하나님의 통치 영역으로 들어가는 문을 지키는 감시자와 같으리라는 뜻이다. 그러나 보이지 않는 교회, 즉 그리스도의 몸의 지체인 모든 이들을 포괄하는 교회는 수많은 보이는 교회로 표현된다. 키프리아누스의 말은 이런 교회들 중 어느 한 교회가 하나님의 통치의 관리자라는 뜻이 아니다. 그의 말뜻은, 스스로 그리스도를 믿는 신자라 선언하는 이들, 그리하여 아버지의 자녀를 자처하는 이들은 한 몸의 다른 지체들과 연결되어 있어야 한다는 것이다. 그 연결은 보통 우리가 도처에서 보는 수많은 가시적 교회 중 하나로 표현된다. 그 공동체에 참여함으로써 우리는 또한 그리스도의 몸에 참여하며, 그리하여 그분의 생명에 참여한다.

교회는 하나님의 통치를 가리키고 그 통치를 위해 우리를 예비시키는 사랑을 우리가 실천하고 알리는 곳이며, 또한 그런 곳이어야 한다. 이것이 바로 교회 안의 다양성이 그토록 중요한 한 가지 이유다. 사회 전반에서 우리는 비슷한 사람들끼리 공동체를 구성하는 경향이 있다. 교회에서도 비슷한 일이 벌어진다. 하지만 이것만으로는 충분치 않다. 그 지점에서 멈추면 교회는 단순히 그런 여러 공동체 중 하나가 될 것이며, 종교적 색채를 띤 사교 클럽 비슷하게 될 것이다. 교회는 우리의 특정한 취향과 공통의 관심사를 초월하는 사랑을 배우고 실천하는 곳이 되어야 한다. 교회는 하나님의 통치를 알리고 미리 맛보는 곳이 되라고 명령받는다. 이것이 바로 교회 안에서의 분쟁이 그토록 해로운 이유다. 이는 교회의 본질 자체에 반하는 시도이기 때문이다. 또한 이것이 우리의 현재 공동체가 우리와 비슷한 사람들의 집단에만 한정되어서는 안 되는 이유이기도 하다. 하나님의 통치에 대해 우리를 준비시키는 진정한 학교이기 위해, 교회는 우리가 그 통치에서 기대하는 것과 비슷한 다양성을 드러내야 한다.

이 사실 앞에서 어떤 이들은 그저 성경만 읽으면 그리스도인이 될 수 있다고, 그리고 이는 교회가 꼭 필요하지는 않음을 입증한다고 말하면서 이의를 제기할지도 모른다. 하지만 성경이 어쨌든 그 사람의 수중에 들어갔다는 사실 자체가 이렇게 홀로 떨어져 있어 보이는 사람조차도 사실은 믿음 공동체의 일원이라는 점을 증명한다. 이 공동체는 그 사람이 알지 못하는 공동체일 수도 있지만, 이 공동체가 아니었다면 성경은 결코 그 사람의 손에 들어가지 못했을 것이다. 더 나아가서, 그 사람이 가지고 있는 성경 자체에서도 우리는 공동체가 스스로의 믿음을 증언하는 것을 볼 수 있으며, 따라서 홀로 떨어져 있는 신자는 그 공동체의 첫 제자들(베드로, 요한, 마리아, 바울, 브리스길라 같은), 모든 세대의 모든 제자들, 그리고 지금 시대를 살고 있는 사람들을 다 포괄하는 한 공동체의 일부가 된다. 게다가 그 외톨이 신자가 성경을 제대로 읽고 이해한다면, 성경이 신자들의 공동체를 찾든지 만들든지 해서 그 안에서 하나님의 통치를 미리 맛보는 삶을 살라고 한다는 것을 알게 되지 않을 수 없다.

그런데도 오늘날 우리는 교회 없이도 그리스도인으로 존재할 수 있다고 말하는 사람들을 자주 만난다. 이는 신자들이 가차 없는 증오, 지적 편협함, 도덕 교사처럼 남을 비판하는 태도를 보이면서 복음을 제대로 증언하지 못하자, 이를 본 사람들이 다른 방식으로 그리스도인 되기를 추구하는 탓이기도 하다. 또한 누구의 간섭도 없이 살아가면서 자기만의 방식으로 그리스도인 되기를 욕망하는 이들이 많기 때문이기도 하다. 그러나 사실은 인간 공동체가 다 불완전해도 우리는 공동체를 이루어 살 존재로 창조되었으며, 그런 어떤 집단 밖에서도 충분히 살아갈 수 있다고 생각한다면 이는 우리 자신을 속이는 것이다. 자기가 태어난 나라와 자기 문화가 불완전하다 해도 자기 나라를 사랑하거나 자기 문화를 기쁘게 누리는 데 지장이 없다면, 교회 안에서 발견되는 불완전함 때문에 교회의 일원이 되지 못한다고 핑계 댈 수 없을 것이다. 여기에 덧붙일 수 있는 것은, 교회는 인간의 다른 어떤 공동체보다도 더 나아야 한다는 소명이 주어졌다는 것이다. 교회는 하나님의 통치를 선언하는 동시에 그 통치를 미리 맛보는 삶을 안내해야 할 소명이 있다.

교회는 어떻게 거룩한가?

우리가 아무리 피하려고 해도 교회에는 지혜로운 결단에 이르는 데 꼭 필요하고 유용한 불일치가 있을 뿐만 아니라, 험담·원한·정치적 흥정 같은 비교적 바람직하지 않은 불화의 이유들도 있는 게 틀림없다. 우리는 그런 일들을 피하려고 하는 한편, 그런 일들에서 자유롭지 못하다는 것을 쉼 없이 고백해야 한다. 그 고백 자체가 교회 사명의 한 부분이다. 교회는 교회가 얼마나 정결한지를 세상에 보여 주려고 존재하는 게 아니라, 우리의 불결함에도 불구하고 하나님께서 우리를 얼마나 사랑하시는지를 세상에 보여 주려고 존재한다. 교회가 세상 사람들보다 정결한 척하고, 그런 기반에서 "죄인들"을 배척하면, 하나님의 은혜가 얼마나 풍성한지 보여 줄 기회를 놓치는 것이다. 이렇게, 하나님께서 약속하신 미래를 미리 맛보게 하는 것이 교회의 사명이며, 다른 한편으로 우리가 그 미래를 기대할 수 있음은 우리 자신의 정결함 덕분이 아니라 우리를 용서하시며 우리 외의 다른 사람들에게도 동일한 용서를 제시하시는 하나님의 은혜 덕분임을 알리는 것도 교회의 사명이다.

이 모든 것은 성령의 은사 및 그 은사와 교회의 관계에 관해 앞

장에서 논의한 내용과 결합되어야 한다. 다시 말하지만, 이 은사들은 그리스도의 몸을 세우기 위해 주어진다. 이것이 바로 고대 교회의 여러 신조에서 다음 두 가지가 연결되는 이유다. "성령을 믿사오며 … 거룩한 공회(를) … 믿사옵나이다"("공회"[catholic church]에서 '공'[catholic]이라는 말에 관해서는 나중에 더 자세히 다룰 것이다).

교회를 믿는다는 말은 교회 지도자들이 우리에게 무슨 말을 하든 다 믿는다는 뜻이 아니다. 그보다 이는, 우리네 믿는 이들은 교회에 참여하고 교회에 의지하면서 교회'에서'(in), 교회 안에서 믿는다는 뜻이다. 우리가 이렇게 할 수 있는 이유는 우리가 또한 성령'을' 믿고 의지하며, 이 성령께서 몸인 이 교회를 머리이신 예수 그리스도 및 서로와 연결시키는 고리이기 때문이다.

여기서는 교회를 수식하는 "거룩한"이라는 말이 무슨 뜻인지 분명히 해 둘 필요가 있다. 우리의 거룩함이 성령의 사역이라면, 교회의 거룩함도 마찬가지다. 우리의 거룩함이 우리의 정결함에 있지 않고 우리 안에 계시는 성령의 임재 및 거룩하신 그리스도와 우리의 연합에 있는 것처럼, 교회의 거룩함도 교회의 정결함에 달려 있지 않다. 교회가 거룩한 이유는 교회 구성원들이 정결하기 때문이 아니라, 성령께서 교회를 그 거룩한 머리이신 예수 그리스도께 연결시키기 때문이며, 성령이 거룩하시기 때문이다.

이는 근본적으로 중요하다. 우리의 거룩함이 우리의 정결함에 있다고 믿으면, 그리고 교회의 거룩함 또한 교회의 정결함에 달려 있다고 믿으면, 우리는 계속 더 정결한 교회를 찾아다니게 될 것이다. 그 실제적 결과로, 우리가 날마다 확인하듯이, 자신이 남보다 더 정결하다고 생각하는 무리는 더 거룩한 교회를 만들기 위해 교회를 떠나간다. 얼마 후, 그 새 교회에는 또 다른 무리가 등장하고, 이 무리는 스스로를 정결하다 생각하며 더 정결한 교회를 만들기 위해 이번에도 그 교회를 박차고 나간다. 비극적인 사실은, 그렇게 가정된 거룩함이 성령의 역사와 상충되고 그 역사를 훼방한다는 것이다. 성령의 역사는 일치와 사랑의 역사이니 말이다.

이는 교회 안의 죄가 별로 중요치 않은 문제라는 말이 아니다. 중요하지 않기는커녕, 교회가 거룩한 것은 바로 그 안에 계신 성령의 임재 때문이기에, 교회 안에 있는 죄의 얼룩은 모두 하나님의 거룩하심에 대한 모독이다. 이는 교회 전체는 물론 우리 각 사람에게 개별적으로도 해당되는 사실이다. 신자로서 우리는 자신이 죄인이라는 것을 알고 있다. 심지어 우리 삶에 혹 자기 자신에게까지 감춰진 중대한 죄가 있지 않은지 의심하기도 한다. 하나님의 은혜를 잊으면, 이런 의심 때문에 죄책감과 말로 다할 수 없는 괴로움을 느낄 수도 있고, 그런 감정이 깊어져 마침내 자기 자신을 미워하는 지경까지 가기도 한다. 예를 들어 마르틴 루터가 바로 그런 일을 겪었다. 쓸 수 있는 모든 수단을 다 써서 자신의 죄를 없애려고 했으나 죄를 없앨 수 없자, 루터는 그 같은 결과에 자꾸 마음이 괴로웠다. 이런 괴로움은 오로지 하나님의 은혜로만 해결될 수 있다. 하나님께서 우리를 사랑하시고, 우리를 의롭다 하시며, 심지어 우리를 "거룩하다"고 하심은 우리 자신의 정결함 때문이 아니라 하나님의 신적 은혜 덕분임을 깨달을 때 비로소 문제가 해결된다. 이 모든 사실은 교회에도 해당된다. 하나님께서 교회를 사랑하시고, 교회를 들어 쓰시고, 교회를 "거룩하다"고 하심은 교회 자체가 정결해서가 아니라 하나님이 사랑 많은 분이시기 때문이다. 그러므로 우리가 거룩한 것이 우리 자신이 정결해서가 아닌 것처럼, 교회가 거룩한 것은 교회의 정결함 때문이 아니다. 교회가 거룩한 것은 홀로 거룩하신 분께서 사랑과 은혜로 교회를 지탱시키시는 덕분이다.

이 모든 사실은, 우리 개인의 삶에 있는 죄와 교회 공동체의 죄 모두 우리의 생각과 달리 매우 심각하다는 의미다. 신자들 안에 있는 죄가 하나님의 거룩함을 모독하는 것처럼, 교회 안에 있는 죄도 마찬가지다. 하나님께서 개인의 죄와 교회의 죄를 모두 용서하시기는 하지만, 그렇다고 해서 죄가 심각한 문제가 아니라는 뜻은 아니다. 심각하지 않기는커녕 하나님께서 교회와 우리를 "거룩하다"고 하신다는 바로 그 사실 때문에 우리의 죄는 한층 더 가증스러운 것이 된다. 우리의 죄에 대해 개별 신자가 죄를 고백하고 하나님의 자비를 호소하는 것으로 응답해야 하는 것처럼, 교회도 교회 자신의 죄에 대해 고백으로 응답해야 하고 동일한 자비에 호소해야 한다. 수백 년 세월에 걸쳐 교회 예배에 우리 죄를 고백하고 하나님의 자비를 구하는 순서가 있어 온 것은 바로 그래서이다.

이 모든 사실에서 우리가 기억해야 할 것은, 성령의 역사는 우리를 그리스도의 몸에 연합시키고 그리하여 우리를 그리스도의 거룩함에 참여하는 이들로 만드는 과정일 뿐만 아니라 우리를 성화시키는 과정이기도 하며, 이는 우리가 의롭다 여김 받은 데 따르는 필연적 결과라는 것이다. 하나님께서 우리를 거룩하다 선언하시는 것은 성령의 역사로 우리가 교회의 거룩한 머리에 연합되기 때문인 것이 사실이지만, 성령이 우리의 성화를 위해 주어졌다는 것 또한 사실이다. 구원의 일부인 이 성화 과정을 따르려 하지 않는 사람은 성령을 거부하는 것이다. 예를 들어, 어떤 사람이 "그 사람을 용서해야 한다는 것은 알고 있습니다. 하지만 그럴 수가 없어요. 그게 바로 나입니다"라고 말한다면 이것이 바로 그런 경우다. 용서해야 한다는 걸 알면서도 용서하지 못하는 게 바로 나라는 것은 어쩌면 맞는 말이다. 하지만 내가 내 모습 그대로 행동하게 하는 게 아니라 마땅히 행해야 하는 대로 행하게 하는 게 성령의 역사다. 그러므로 "이게 바로 나"라는 말로 우리 죄를 간단히 넘겨 버린다면, 이는 우리 안에 계신 성령의 역사를 거부하는 것이다.

"공"(catholic) 교회란 무엇인가?

이제 다른 주제로 넘어가 보자. 사도신경과 니케아 신경처럼 오늘날 쓰이는 신조를 포함해 대다수 고대 신조들은 "카톨릭"(catholic) 교회로서의 교회에 대해 말한다. 이 말은 다소 혼란을 일으키기도 하는데, 왜냐하면 오늘날에는 특정 교회가 가톨릭 교회(Catholic Church)로 널리 알려져 있기 때문이다. 이런 이유로, 다수의 개신교회는 "카톨릭" 교회에 대한 믿음을 단언하지 않고, 그 대신 교회를 "우주적"(universal) 교회나 단순히 "기독

(Christian) 교회로 언급한다.

"우주적"이라는 말은 우리가 믿는 교회가 세계 도처에, 그리고 수많은 세대에 걸쳐 존재한다는 뜻이다. 이는 중요한 사실이다. 왜냐하면 우리가 속한 교회, 곧 예수 그리스도의 참된 교회는 특정한 장소에 모이는 무리일 뿐만 아니라 온 세상에 걸쳐 모이는 모든 이들이기도 하기 때문이다. 교회는 우리 시대 신자들에게만 국한되지 않고, 우리 앞서 세상을 떠난 수많은 사람들까지 포함하며, 우리는 그들의 후손이다. 교회를 믿는다는 말은 우리가 주기적으로 회집하는 이 교회, 우리를 믿음 가운데 직접적으로 지탱시켜 주는 이 교회를 믿는다는 선언이다. 또한 우리가 함께 모이는 이 교회가 이 시대에 나미비아·중국·독일에 사는 모든 그리스도인뿐만 아니라, 수백 년 전 이탈리아·만주·콩고에 살던 사람들이 속한 동일한 그리스도의 몸의 일부임을 믿는다는 선언이다.

하지만 "우주적" 교회를 믿는다고 단언하고, 그렇게 해서 "카톨릭"이라는 말을 소홀히 하거나 버린다면, 무언가 크게 중요한 것을 잃을 위험이 있다. "카톨릭"이라는 말에는 무언가를 가리켜 "우주적"이라고 하는 것으로는 나타낼 수 없는 어떤 차원과 함축적 의미가 있기 때문이다. 어원상으로 "카톨릭"이라는 말은 두 가지 그리스어 어원에서 파생된다. 그 두 가지 어원 중 첫 번째는 "~에 따라"(according to)라는 의미다. 이는 우리가 "~에 따른 복음"이라고 번역하는 복음서(즉 마태복음, 마가복음, 누가복음, 요한복음) 제목에 등장하는 단어와 같은 단어다. 예수 그리스도의 복음은 단일하며, 이 복음은 네 증인을 통해 우리에게 이른다. "~에 따른"이라는 표현은 유일무이한 복음을 보는 관점 및 이해 방식의 다양성을 가리킨다. "카톨릭"이라는 말의 두 번째 어원은 '전체'(the whole) 또는 '모두'(all)를 뜻한다. 예를 들어 이 말은 "홀로그램"(hologram)이라는 단어에서 보는 것과 동일한 어원인데, 홀로그램은 3차원의 전체적 시야를 포괄하는 이미지를 가리킨다.

이렇게, 고대 기독교회에서 사람들이 무언가 "카톨릭"한 것에 대해 이야기한다면, 이는 홀로그램과 비슷하게 전체가 합쳐져서 그 광경에 깊이를 더해 주는 관점의 다양성을 포함하는 말이다. 그래서 사복음서에 대해 말할 때 이들은 이 복음서가 예수 그리스도의 복음에 대한 '카톨릭한 증언'(catholic witness)이라고 말한다. 이 사복음서는 바로 그 다양성 가운데 서로 어우러져 단일한 사실을, 각각 나름의 관점에서 증언한다. 마찬가지로, 고대 그리스도인들이 '카톨릭' 교회를 믿는 믿음을 단언한 것은, 강조점과 관점은 다르지만 모두 동일한 믿음을 갖고 그 믿음을 증언하면서 교회를 믿고 교회에 참여한다고 단언한 것이었다. 이런 의미에서 어떤 특정한 교회나 기독교 공동체가 유일한 참된 교회라 주장하고, 그리하여 다른 이들을 배격한다면 이는 초대 교회가 체험했고 우리가 신조를 통해 단언하는 공교회성(catholicity)을 반대하는 것이다. '카톨릭'의 반대 개념은 분파주의이며, 따라서 크든 작든 어떤 기독교 공동체가 자신만이 예수 그리스도의 교회라고 주장한다면 사실상 이는 하나의 분파일 뿐이다. 이쯤에서 '분파'(sect)라는 말과 '부문'(section)이라는 말의 어원론적 관계를 살펴보는 게 도움이 될 것이다. 분파는 한 부분이나 부문을 마치 전체인 것처럼 여기는 집단이다. 즉, 어느 교회든 전체 교회를 자처하며 나머지 교회를 배척한다면 그 교회는 분파다. 그런 분파주의 경향 때문에 우리 식의 상황 이해 방식, 우리의 신앙 체험, 우리의 문화적 관점이나 특정 관점을 규범으로 여기게 되는데, 이런 경향과 대조적으로 요한계시록에서 요한은 "각 나라와 족속과 백성과 방언에서 아무도 능히 셀 수 없는 큰 무리"(7:9)에 대해 말한다.

구체적으로 이는 예수 그리스도의 교회 안에 존재하는 다양한 믿음 표현 방식, 예배 방식, 교회 정치 체계로 입증된다. 다음 장에서 예배를 좀 더 자세히 다룰 테지만, 오늘날의 교회에는 다수의 예배 방식이 있다는 것을 우리 모두가 알아야 한다. 교회 내부 조직과 교회 정치에는 큰 다양성이 존재한다. 어떤 교회에는 주교가 있고 어떤 교회에는 없다. 어떤 교회의 정치 형태는 회중 교회식이다. 즉, 개별 교회가 독립적으로 교회를 운영하는 형태다. 다수의 다른 교회에서는 개별 교회가 각자의 교회 운영에 어느 정도 권한을 갖는 한편 다양한 수단들로 좀 더 광범위한 책임자 집단을 형성한다. 자신들의 교회 정치 형태만이 유일하게 용인될 만한 정치 형태라고 주장하는 이들이 이따금 있기는 하지만, 사실 이런 다양한 형태는 저마다 신약성경에서 근거를 찾을 수 있으며, 이 모든 형태가 다 다양한 문화적 기원을 반영한다. 이런 차이는 혼란으로 이어질 수도 있지만, 사실은 교회 공교회성의 근본 요소인 관점과 체험의 다양성을 보여 주는 증거다. 이런 정치 형태들은 저마다 교회의 전체성(totality)에 무언가 기여하는 게 있다.

교회의 사명 알기

이런 일들을 논의할 때 우리가 기억해야 할 것은, 공동체로서의 교회 자체에 관심을 집중하지 말아야 하며 조직으로서의 교회는 더더욱 관심의 대상이 아니라는 점이다. 교회 생활에서 가장 중요한 요소는 교회 조직이나 교회가 가르치는 교리가 아니다. 교회 생활에서 가장 중요한 것은 교회의 사명이다. 먼저 교회가 되고 그다음에 사명을 발견하는 것이 아니라, 그 반대다. 고생물학자들의 말에 따르면, 수생 동물들이 뭍에서 살려고 물에서 나오기 시작하자 다리가 발달하는 식으로 진화했다고 한다. 처음부터 다리가 있었고 그다음에 그 다리를 쓰는 방식을 찾기 시작한 게 아니었다. 물에서 나와 살길을 구하다 보니 그에 필요한 수단이 발달하게 된 것이다. 교회와 관련해서도 비슷한 일이 일어난다. 교회에 교회의 형태를 부여하는 것은 교회의 사명이다. 이런 이유로 많은 이들이 말하기를, 사명이 없는 곳에는 교회도 없다고 한다. 자기 교회에만 집중하는 교회는 그 구성원들이 얼마나 큰 믿음을 지녔든 신실한 교회가 아니다.

때로 우리는 죄인을 부르고 곤궁한 사람들을 섬기고 먼 나라에 복음을 전하는 등 교회가 외부를 바라보고 하는 일로만 교회의 사명을 한정한다. 그러나 교회 내부의 삶도 교회의 사명에 속한다. 교회 내부의 삶을 통해 우리는 사회적 관계를 좌우하는 사회·경제·문화·정치적 연결 고리를 초월하여 사랑을 실천하는 법을 배운다. 그러한 교회 내부의 삶이 곧 교회 외부를 향한 증언이 된다. 예수께서 "너희가 서로 사랑하면 이로써 모든 사람이 너희가 내 제자인 줄 알리라"(요 13:35)라고 친히 말씀하신 것처럼 말이다. 얼마쯤 후, 2세기 말과 3세기 초 박해받는 와중에서 테르툴리아누스는 이교도들이 그리스도인들을 가리키며 "저들이 얼마나 서로 사랑하는지 보라"라고 했다고 말한다.

교회 사명의 본질은 모든 피조물을 위한 하나님의 목적을 증언하는 것이다. 이 타락한 창조 세상에서, 자기 본위의 이 인류 가운데서, 그리고 이 부패한 사회에서, 교회의 첫 번째 목적은 다른 질서가 가능하다는 것을, 그리고 그런 질서가 바로 하나님의 궁극적 구상이라는 것을 이 창조 세상에, 이 인류에게, 이 사회를 향해 입증하는 것이다. 교회 사명의 기초는, 사실은 일종의 무질서인 현재 질서 안에서 다른 질서를 증언하는 것이다. 폭력이라는 무질서 안에서 평화의 질서를, 학대와 불의라는 무질서 안에서 섬김과 정의라는 질서를, 모두 자기 이익만 추구하는 사회의 무질서 안에서 모두 이웃의 유익을 추구하는 사랑의 질서를 증언하는 것이다.

이 모든 사실은 교회의 핵심 사명이 한마디로 참된 교회 되기, 어떤 식으로든 다가올 하나님의 통치를 가리키는 공동체 되기임을 의미한다. 하지만 이렇게 다가올 하나님의 통치를 가리키는 일은 말로만 그 통치를 알리는 데 국한되지 않는다. 이는 그 통치를 삶으로 구현하고, 그리하여 교회에 속한 우리가 우리의 모든 불완전함 가운데서도 어떤 식으로든 우리가 기대하는 미래를 미리 맛보며 그 미래를 다른 이들에게 제시하는 문제다. 교회 안의 분열, 다툼, 험담, 정치적 흥정에 비극적 차원이 있는 이유가 바로 이것이다. 교회에 다가오는 사람이 그런 광경을 볼 때, 교회의 사명 감당은 악영향을 받고 교회의 증언은 힘을 잃는다. 그런 교회와는 상종하고 싶지 않다고 하는 사람들에게 우리 자신이 빌미를 제공하는 것이다. 이것이 바로 요한복음에서 예수님이 아버지에게 "그들도 다 하나가 되어 … 세상으로 아버지께서 나를 보내신 것을 믿게 하옵소서"(요 17:21)라고 구하는 이유다.

어떤 경우든, 교회의 사명은 언제나 교회 밖을 향한다는 사실을 역설해야 한다. 교회 내부의 삶도 세상을 위한 소망의 표지로서 교회의 사명에 속하지만, 이는 우리의 서로 간 사랑을 누리기 위해 세상의 난관에서 발을 빼고 머물 수 있는 신성한 장소가 있어야 한다는 문제가 아니다. 그보다 이는 그리스도인다운 삶 체험이 동력이 되어 서로 병행하는 두 갈래 길로 움직이는 문제다. 한 갈래는 교회의 주님을 증언하는 길이고, 또 한 갈래는 우리 주변의 다른 곳에서 바로 그 주님의 임재를 발견하고 인정하며 다른 이들에게 그 주님을 가리키는 길이다.

첫 번째 길부터 이야기를 시작해 보자. 이 길은 가장 잘 알려져 있고 가장 많이 논의된 길이다. 교회의 사명에는 교회 자체 너머로 주님을 증언하는 일이 분명 포함된다. 하지만 이는 특별한 종류의 증언으로서, 이 증언의 형태는 증언의 내용에 따라 결정되어야 한다. 요한복음 결말 부분을 보면, 부활 후 예수님은 제자들 앞에 나타나 이렇게 말씀하신다. "아버지께서 나를 보내신 것같이 나도 너희를 보내노라"(요 20:21). 교회의 사명은 아버지께서 보내신 이 예수님이 교회를 보내신다는 사실에 근거를 둔다. 하지만 예수께서 "아버지께서 나를 보내신 것같이"라고 말씀하신다는 점을 잊지 말자. 우리는 비누 회사가 상품을 팔려고 외판원들을 보내는 식으로 보냄 받지 않으며, 전화기 저편에서 상품을 팔거나 정치인을 홍보하려고 하는 비인격적 자동응답 음성처럼 기계적으로 복음을 선포하라고 보냄 받는 것은 더더욱 아니다. 우리는 예수님이 보냄 받은 것처럼 보냄 받는다.

예수님의 경우처럼, 이 보냄 받는다는 것에는 그 자리에 존재한다는 의미가 담겨 있다. 예수님은 하나님께서 구름에 쓰신 단어가 아니고, 하나님께서 천둥 속에서 말씀하신 담화도 아니다. 예수님은 우리 가운데 계신 하나님의 임재다. 예수님을 통해 하나님은 저 멀리에서 우리에게 말씀하시는 게 아니라, 인간에게 다가와, 인간과 연합하고, 인간과 함께 행하시고 고난 받으신다. 그래서 교회가 예수님이 보냄 받은 것처럼 보냄 받을진대, 이는 교회가 예수님에 관해 힘 있게 선포한다거나 라디오와 텔레비전 프로그램을 통해 예수님에 관해 말하는 것만으로는 충분치 않다는 뜻이다. 교회는 필연적으로 인간의 고통과 소망 가운데 있어야 하며, 무엇보다도 교회는 고난당하는 사람과 함께 고난당해야 하고 기뻐하는 사람과 함께 기뻐해야 한다. 교회가 여기 있는 것은 세상 밖에서 세상을 바라보며 비판하기 위해서가 아니라, 세상으로 들어가 자신의 존재를 통해 예수 그리스도를 증언하기 위해서다.

예수 그리스도는 본래 하나님의 본체시지만, 이것을 자신이 고수해야 할 어떤 것으로 여기지 않고, 오히려 자신을 비워 종의 형태를 취하시고, 우리처럼 되셨다(빌 2:6-7). 예수님이 섬김 받기 위해서가 아니라 섬기기 위해 오셨다면, 교회는 섬김 받거나 찬탄의 대상이 되거나 힘 있는 존재가 되기 위해서가 아니라 섬기기 위해 창조되었다. 섬김이 없으면, 우리에게 어떤 사명이 있든 예수 그리스도의 사명이 아니다.

또 한 가지 기억할 것은, 우리 주변의 다른 곳에서 이 주님의 임재를 발견하고 인정하며 이를 가리키는 것도 교회의 사명이라는 것이다. 요한복음 20장에서 제자들이 선교사로 보냄 받는 것을 방금 살펴보았는데, 이와 나란히 마태복음 끝부분에 등장하는 또 하나의 파송 장면도 기억해야 한다. 훨씬 더 잘 알려진 이 장면은 보통 지상명령(Great Commission)이라고 불린다. 믿음 생활의 아주 초기 단계에서부터 우리는 이 말씀을 배워 왔다. "그러므로 너희는 가서 모든 민족을 제자로 삼아 아버지와 아들과 성령의 이름으로 세례를 베풀고 내가 너희에게 분부한 모든 것을 가르쳐 지키게 하라 볼지어다 내가 세상 끝날까지 너희와 항상 함께 있으리라"(마 28:19-20). 그런데 우리는 "그러므로"라는 말을 너무 자주 망각한다. 이 말에는 예수님이 제자들에게 이 말씀을 하시는 이유가 방금 언급되었다는 뜻이 담겨 있다. 우리는 분명 세상으로 나가서 제자를 세워야 한다. 하지만 그렇게 하는 이유는 예수님이 계시지 않는 곳으로 예수님을 모시고 가야 하기 때문이 아니다. 오히려, 우리에게 사명이 주어지는 이유가 바로 예수님이 이미 모든 나라의 주님이시기 때문이다.

우리가 지상명령이라고 부르는 말씀 바로 앞에서 예수님은 이렇게 말씀하신다. "하늘과 땅의 모든 권세를 내게 주셨으니." 우리는 예수님을 주님으로 만들려고 보냄 받지 않는다. 우리가 보넘 받는 것은 그분이 이미 주님이시기 때문이다. 시카고에 있는 교회의 사명은 예수님을 시카고로 모셔 가는 것이 아니다. 만주에 있는 교회의 사명은 예수님을 만주로 모셔 가는 것이 아니다. 예수님은 이미 주님이시며, 이미 그곳에 계신다. 비록 불신자들, 정치인들, 상인들은 이 사실을 모를지라도, 그리고 우리 자신 또한 이 사실을 자주 잊을지라도 말이다. 시카고나 만주나 푸에르토리코에 있는 교회의 사명은 우리 주변의 이 다양한 지역에서 우리 주님의 임재를 발견하고 인정하고 가리키는 것이다. 그분을 무시하고 불순종하고 심지어 멸시하는 지역에서도 말이다. 우리 교회 및 교회의 증언과 별개로 그곳에서 우리 주님의 임재를 확인할 수 있으면, 우리가 되어 마땅한 존재가 되는 데 도움이 된다. 즉, 섬김 받기 위해서가 아니라 섬기기 위해 존재하는 교회가 되는 것이다. 우리가 이곳에 있는 것은 사회를 섬기기 위해서이며, 부패한 정치·파렴치한 재정·가정 폭력 등 우리가 말할 수 있는 온갖 악덕에도 불구하고 예수님은 그 사회에서 이미 일하고 계신다. 예수께서는 교회를 통해 일하고 계신다. 또한 예수께서는 우리와 별개로, 그리고 교회와 별개로, 우리가 상상하지 못할 방식으로 일하고 계신다. 그러므로 교회의 사명에는 우리를 에워싼 사회에서 하나님이 이미 일하고 계신 곳을 발견하고, 그곳에서 하나님과 함께 일하는 것도 포함된다.

요약하자면, 교회 사명의 내면적 요소가 있는데, 이 요소는 그 교회가 참된 교회인지, 적어도 우리가 기다리는 영광스러운 통치를 엿볼 수 있는 곳인지를 확실히 하는 데 있다. 또 다른 요소는 우리가 성령 덕분에 예수 그리스도를 통해 알게 된 하나님의 은혜와 사랑을 우리 주변 세상에 알리는 데 있다. 세 번째 요소는 교회나 그 어떤 신앙적 주장과도 별개로 우리 주님께서 우리 주변에서 이미 하고 계시는 일을 발견하고 인정하고 그 일에 참여하는 데 있다. 예수 그리스도를 믿는 사람들에게 지상명령은 자신의 통치를 지금 맛보고 누리라고 우리를 청하시는 주님, 우리 주변 세상의 예기치 못한 곳에서 자신을 증언하고 자신을 발견하라고 명하시는 주님께서 마지막 날까지 그런 모든 곳에서 우리와 함께하시리라는 사실을 떠올리게 한다.

생각과 토론을 위한 질문

1. 어떤 사람에게 우리 교회에 나오라고 말했더니 그 사람은 교회 없이도 그리스도인으로 살 수 있다고 대답한다. 그 대답에 어떻게 대처하겠는가? 신앙 공동체와 아무런 관계를 맺지 않고도 그리스도인일 수 있는가? 하나님을 아버지로 모시기 위해서는 교회를 어머니로 두어야 한다는 키프리아누스의 말을 어떻게 생각하는가? 그런 선언에는 어떤 가치가 있는가? 그런 선언에 담긴 위험은 무엇인가?

2. 어떤 교회에도 속하지 않은 채 그리스도를 따르려고 한다면 우리는 무엇을 잃게 되는가? 일부 사람들이 그런 경로를 좇으려고 하는 이유는 무엇인가?

3. 교회를 믿는다는 게 무슨 뜻이냐고 누군가가 묻는다면 뭐라고 대답하겠는가? 교회를 믿는다는 말은 교회 지도자들이 무슨 말을 하든 다 인정한다는 뜻인가? 아니면 그 말에는 다른 뜻이 있는가?

4. 구성원들이 완전히 정결하지 않은 교회도 거룩하다고 말할 수 있는가? 교회에 죄인들이 너무 많기 때문에 교회에 나가고 싶지 않다고 말하는 사람이 있다면 어떻게 대답하겠는가?

5. 오늘날 교회에서는 어떤 종류의 분열상을 볼 수 있는가? 이런 현상에 대해 우리가 해야 할 일은 무엇인가?

6. 교회 사명의 근간이어야 한다고 생각하는 것 다섯 가지를 목록으로 만들어 보라. 그룹으로 이 책을 공부하는 중이라면 다른 사람들의 목록과 비교해 보고 각 사람이 제안한 그 다섯 가지의 중요성을 토론해 보라.

7

교회 예배

교회가 사명을 **위해**(for mission) 사는 것도 사실이지만, 교회가 예배**로써**(by worship) 사는 것도 사실이다. 이 논점에 이르면, 다양한 예배 형식 때문에 신자들이 서로 분열되는 경우가 너무 많다는 고백으로 이야기를 시작해야 한다. 어떤 사람들은 이런 식으로 예배를 드리고, 또 어떤 사람들은 저런 식으로 예배를 드리며, 양쪽 모두 상대 방식의 예배는 참으로 기독교적인 예배가 아니라고 말한다. 이 문제에 대해서는 나중에 다시 살펴보기로 하고, 여기서는 예배에서 중요한 것은 예배 방식이 아니라 누구에게 예배드리느냐 하는 것임을 기억함으로써 이야기를 시작하려고 한다. 우리가 예배드리는 하나님이 한 분이시라면 우리의 다양한 예배 형식은 모두 보좌에 앉으신 그 한 분을 향한다. 그리고 우리가 예배드리는 하나님이 사랑이시라면, 우리의 다양한 예배 형식 또한 상호 사랑을 증진하고 표현해야 한다.

우리 예배가 "성경적"이라고 말하고 싶다면, 이때 중요한 것은 초대 교회의 모든 세부 항목과 풍습을 그대로 모방하기가 아니다. 사실 그런 목표는 이뤄지기 불가능하다. 우리는 이제 초대 교회 사람들과 똑같은 언어로 말하지 않고, 그들과 똑같은 의복을 입지 않으며, 똑같은 조건 아래 살지 않기 때문이다. 게다가 신약 성경은 원시 교회의 예배가 어떻게 진행되었는지에 관해 별말이 없다. 예배가 "성경적"이라 함은, 우리를 하나님의 백성으로 만들어서 성경이 요구하는 상호 사랑에 참여하게 하고 성경이 영감을 주는 선교의 꿈을 공유하게 하는 예배를 드린다는 말이다.

성경이 예배에 관해 우리에게 가르치는 것

예배에 관한 논의를 시작하는 가장 좋은 방법은 아마 이사야 6장에 등장하는 선지자 이사야의 체험을 살펴보는 일일 것이다. 이는 예배를 논의하는 일반적 방식이며, 여기서 이 방식을 요약해 보는 것도 도움이 될 것이다. 이사야의 체험은 하나님을 보는 압도적 환상으로 시작한다. "내가 본즉 주께서 높이 들린 보좌에 앉으셨는데 그의 옷자락은 성전에 가득하였고"(6:1). 예배는 언제나 하나님의 영광과 위엄을 이렇게 고백하는 것으로 시작하며, 예배는 이 고백에 바탕을 둔다. 이 고백은 다양한 교회에서 서로 다른 방식으로 행해진다. 어떤 교회는 고요히 묵상을 하고, 어떤 교회는 넘치는 기쁨을 표현한다. 어떤 교회에서 이 고백은 흔히 '찬양'이라고 하는 일련의 노래를 함께 부르는 것으로 표현된다. 또 어떤 교회에서는 '찬양의 찬송', 이를테면 "거룩하다, 거룩하다, 거룩하다" 같은 찬송을 부르는 것으로 표현되며, 이는 하나님의 위엄·능력·임재를 가리킨다. 어떤 교회에서는 "여호와는 그 성전에 계시니" 같은 성경 구절로 예배를 시작하는 것이 관례다. 그러나 하나님의 영광과 위엄을 어떤 식으로 고백하든, 대다수 교회는 우리가 예배하는 하나님의 위대함을 인정하고 선포하는 것으로 예배를 시작한다.

다음으로 이사야는 하나님의 위엄을 두 눈으로 보는 이 자리에 자기 혼자만 있는 것이 아님을 깨닫는다. 보좌 둘레에는 스랍들이 서서 "거룩하다 거룩하다 거룩하다 만군의 여호와여 그의 영광이 온 땅에 충만하도다"(사 6:3)라고 노래한다. 자신의 환상 속에서 하나님을 향해 직접 이야기를 하기는 하지만, 이사야는 이 예배에 자기 혼자만 있는 것이 아님을 알고 있다. 이사야와 더불어 스랍들이 하나님을 찬양하는 노래를 부르며, 온 땅이 하나님의 영광을 선포한다.

이는 예배 때 우리가 하나님께 개인적으로 말씀드리기는 해도 이 일을 혼자서 하는 게 아니라, 함께 예배드리는 다른 사람들과 무리를 이루어서 하며, 눈에 보이지는 않을지라도 세계 전역에서 하나님의 영광을 노래하는 엄청나게 많은 사람들이 우리와 함께한다는 사실을 보여 준다. 예배 때 우리가 일인칭 단수 "나"뿐만 아니라 일인칭 복수 "우리"라는 말을 쓴다는 사실을 명심하는 게 중요한 이유가 바로 이것이다. 예배의 이런 공동 사명, 심지어 우주적 사명은 우리가 부르는 여러 찬송과 노래에 표현되어 있으며, 예를 들어 이사야의 환상에 영감을 받아 만든 유명한 찬송가는 지금도 세계 전역 교회에서 불리고 있다. "거룩, 거룩, 거룩, 전능하신 주여." 이런 전통적 찬송을 부르든 다른 가사의 찬송을 부르든, 예배는 하나님의 위엄에 바탕을 둔다는 것, 그리고 예배 때에는 개인적 찬송이 아니라 모든 세대, 모든 피조물, 심지어 천사와 천사장까지 두루 포괄하는 전체 교회의 공동 찬송이 필요하다는 것을 어떤 식으로든 인식해야 한다.

앞에서 주목했다시피, 기독교 신앙에는 필연적으로 공동의 차원이 있다. 성경에 관해 살펴본 내용은 예배에 관한 내용에도 해당된다. 혼자 개인적으로 하나님을 찬양하는 것도 좋고 또 반드시 그래야 하지만, 공동체로서 하나님을 찬양하는 것도 필요하다. 사랑이신 하나님을 예배하려면 사랑의 공동체가 있어야 한다. 성부·성자·성령이신 삼위 하나님, 다름 아닌 자신의 품 안에서 사랑으로 교제하시는 하나님을 예배하려면 그분을 예배하는 사람들 가운데도 사랑의 공동체가 있어야 한다. 더 나아가서, 구약성경에서부터 시작해 성경 전체에서 예배의 역할을 연구해 보면, 하나님께 영광을 돌리기 외에도 하나님의 백성을 빚어 가기가 예배의 목적임을 알 수 있다. 이 사람들은 저마다 자신을 위해 하나님께 나온 고립된 개인들의 무리가 아니라, 하나님께서 부르시고 빚어 가시고 사용하시는 단일한 통일체, 즉 하나님의 백성이다.

이는 예배가 언제나 모든 신자가 함께하는 공동의 활동이자 체험이어야 한다는 의미다. 예배는 우리에게 감동을 주고 영감을 주는 연극 같은, 쇼나 구경거리가 아니다. 예배는 우리 시대의 콘서트처럼 사람들이 가수나 밴드에게 감탄하다가 어쩌면 그들과 어우러져 노래를 부르기도 하는 그런 행사도 아니다. 학창 시절 급우들이 "미사 들으러 간다"는 말을 자주 했는데, 예배는 이 말에 표현된 것 같은 수동적 참여도 아니다. 예배는 예배드리는 공동체 전체의 공동 활동이다. 즉석에서 생각해 내든 미리 작성해 놓은 글과 형식을 쓰든, 예배는 결코 목사의 일도 아니고 예배를 인도하는 다른 누군가의 일도 아니다. 예배는 하나님이 누구시며 우리를 위해 어떤 일을 하시는지를 하나님의 백성이 찬미할 때 발생한다. 예배는 우리가 우리의 죄와 부족함을 고백하고 하나님의 명령에 귀 기울일 때 발생한다.

모든 공동체에는 서로 협조하는 행동이 필요하기에, 예배 인도자들이 중요하다. 예배 인도자는 예배 때 무엇을 하고 무엇을 말하며 무슨 노래를 불러야 하는지를 여러 면에서 결정하는 사람들이다. 이들의 인도가 없으면 혼돈이 지배할 것이다. 그러나 그와 동시에 중요하게 지적할 점은, 예배에 참석하는 사람 모두가 동등한 예배자라는 것이다. 여기에는 설교자, 음악 인도자, 심지어 회중석 맨 끝에 앉아 있는 사람까지 포함된다. 유감스럽게도 이것을 망각한 나머지 어떤 교회에서는 예배 인도자들이 자신들 역시 회중석에 앉은 여느 사람들과 다를 게 없다는 점을 잊고 자신들만 '예배자'로 자처하는 경우가 있다. 우리의 예배는 "하나님 백성의 일"이다.

이사야의 환상으로 다시 돌아가 보면, 이사야가 하나님의 영광을 볼 때 그 즉시 자신의 죄도 보는 것을 알 수 있다. "화로다 나여 망하게 되었도다 나는 입술이 부정한 사람이요 나는 입술이 부정한 백성 중에 거주하면서 만군의 여호와이신 왕을 뵈었음이로다"(사 6:5). 하나님의 영광과 위엄을 보는 환상은 우리를 찬양으로 인도하는 한편 우리의 불결함과 죄를 드러내기도 한다. 우리는 하나님께서 임재하시는 곳에 있을 자격이 없으며, 우리는 이 사실을 인정해야 한다. 이런 이유로, 하나님의 영광을 보는 환상은 이런저런 식으로 우리 죄를 고백하게 만들어야 한다. 예배는 우리를 하나님의 임재로 인도할 뿐만 아니라 우리를 하나님에게서 멀어지게 만드는 이 죄를 깊이 자각하게 한다. 그리고 이사야의 경우처럼, 우리는 자신의 개별적 죄를 고백할 뿐만 아니라 공동체 전체의 죄도 고백한다. 이사야처럼 우리는 입술이 부정한 백성이며, 우리는 입술이 부정한 백성 가운데 산다.

이것이 바로 고대로부터 지금까지 기독교 예배에 언제나 죄 고백 순서가 있는 이유다. 어떤 경우, 특정한 사람이 자신의 중대한 죄를 하나님과 회중 앞에 고백하기도 한다. 그러나 대개의 경우 예배에는 하나님의 영광을 본 뒤 온 회중이 전체로서 죄를 고백하는 순서가 있었다. 오늘날 많은 교회에서도 그렇게 한다. 그 공동의 고백 시간은, 우리의 예배가 순전히 개인의 문제가 아닌 것처럼 우리의 죄 또한 순전히 개별적인 죄가 아니라는 사실을 일깨워 준다. 물론 우리는 개인으로서 죄를 지으며, 그 점을 하나님 앞에 고백해야 한다. 하지만 죄는 공동의 사회적 현실이기도 하다. 이사야는 자신이 입술이 부정한 백성 가운데 살고 있음을 인정한다. 오늘날 우리는 우리의 개별적 죄가 우리의 집단적 죄의 일부임을, 그리고 우리의 개별적 죄뿐만 아니라 집단적이고 사회적인 죄도 하나님 앞에 고백해야 함을 인정해야 한다. 나중에 살펴보겠지만, 죄의 이 사회적이고 집단적인 차원 때문에 우리는 선교에 대해 더 폭넓은 생각을 갖게 된다.

요약하자면, 하나님의 영광이 나타나는 바로 그 광경을 보면 우리는 우리 죄를 고백하지 않을 수 없고, 그래서 하나님의 위엄을 찬양하는 순서 뒤에 예배의 두 번째 필수 요소로서 이어지는 것은 우리가 우리 삶을 위한 하나님의 뜻에서 얼마나 멀리 떨어져 있는지를 고백하는 순서다. 하지만 우리가 감히 하나님 앞에서 죄를 고백하는 것은 하나님의 백성으로서 우리가 하나님의 사랑을 알고 우리 죄를 용서하시고자 하는 하나님의 뜻을 알기 때문이다.

일부 교회에서 죄 고백 순서 없이 예배를 찬양으로만 한정하는 현상이 점점 일반화되고 있다. 그 결과 양심이 죄책감으로 짓눌린 채 교회를 찾아오는 사람들은 하나님 앞에 그 죄책감을 내려놓고 거룩한 은혜의 선물을 받을 기회를 누리지 못한다. 예배에 죄 고백 순서가 없으면 사실 죄가 그렇게 중대한 문제가 아니라는 인상을 주기도 한다. 모든 예배가 단순히 하나님을 찬양하는 일일 뿐이라면, 우리가 서로 관계를 맺는 방식이나 방향이 달라져야 할 이유가 없다. 그렇게 되면 하나님을 찬양하는 일과 우리 마음에 타인을 향한 증오와 적개심을 품는 일 사이의 모순을 숨길 수 있게 된다. 게다가 그 타인은 흔히 같은 교회 교인으로, 같은 예배에 참석하는 사람인데 말이다.

찬양과 죄 고백을 살펴보았으므로 이제 우리를 죄에서 깨끗하게 하시는 하나님의 은혜를 알고 이 은혜를 받는 일로 시선을 돌려 보자. 이 또한 이사야 선지자의 환상에 반영되어 있다. 이사야는 한 스랍이 핀 숯을 가지고 와 "그것을 내 입술에 대며 이르되 보라 이것이 네 입에 닿았으니 네 악이 제하여졌고 네 죄가 사하여졌느니라 하더라"(사 6:7)라고 말한다. 이 역시 우리를 더욱 큰 기쁨에 겨운 찬양과 상호 화해로 인도한다. 하나님께서 우리 죄를 사하시고 우리를 깨끗하게 하실진대 우리도 서로를 용서할 의무가 있다. 고대 교회에서 이 용서는 화평의 입맞춤으로 표현되었다. 오늘날 여러 교회에서 이는 보통 "평안을 나누기"(sharing the peace)라는 이름으로 악수나 포옹을 하는 것으로 표현된다. 이 나눔의 시간으로 사람들을 초청하는 아주 일반적인 방식은, 하나님과 화해한 사람들로서 우리도 상호 화해의 표를 나누어야 한다고 선언하는 것이다. "주님께서 복 주시기를", "주님의 평강이 함께하기를"이라는 인사도 이런 나눔에 속한다. 이렇게 해서 예배는 하나님과의 화해가 타인과의 화해를 의미하며 그 화해를 요구한다는 진리를 보여 주고 이를 체험할 수 있는 기회를 제공한다. 우리가 사랑 많으신 한 아버지의 자녀라면 우리끼리도 형제자매이며, 그래서 예배 때는 물론 일상에서 서로를 대할 때에도 이를 나타내야 한다.

이사야는 이어서 여호와께서 이렇게 말씀하시는 음성을 듣는다. "내가 누구를 보내며 누가 우리를 위하여 갈꼬"(사 6:8). 이사야가 받은 환상과 죄 사함은 이사야 자신의 유익만을 위한 것이 아니며, 여기에는 보냄 받기, 사명도 요구된다. 우리의 경우도 마찬가지다. 예배는 우리의 유익만을 위한 것이 아니며, 우리는 유익을 얻음으로써 하나님께서 우리에게 사명을 주셔서 보내시는 음성을 들을 수 있다. 이런 음성은 흔히 설교 때 들을 수 있으며, 설교를 통해 우리는 우리가 본 하나님의 위엄, 우리가 고백한 죄, 우리가 받은 과분한 은혜가 우리 자신의 유익을 위해서일 뿐만 아니라 우리를 세상으로 보내기 위해서임도 알게 된다. 그리고 우리가 이렇게 세상으로 보냄 받는 것은 하나님의 위엄 및 그 위엄이 세상을 다스리신다는 사실을 선포하기 위해서이고, 세상이 자기 죄를 깨닫게 하기 위해서이며, 세상을 불러 우리가 받은 죄사함과 은혜를 체험하도록 하기 위해서다.

우리는 신약성경이 교회를 가리켜 "나라와 제사장"(kings and priests, 계 1:6), "거룩한 제사장"(벧전 2:5), "왕 같은 제사장"(벧전 2:9)이라 한다는 사실을 자주 망각한다. 이는 '신자의 보편적 제사장론'이라는 말에 반영되어 있으며, 우리는 이 표현을 교회에서 자주 쓴다. 하지만 우리는 이 말의 의미를 재해석하고 상세히 설명해야 한다. 보편적 제사장론이란 흔히 우리에게 제사장이 필요 없고 각 사람이 천국 보좌에 직접 나아갈 수 있다는 뜻이라고 말들 한다. 보편적 제사장론에 대한 이런 식의 이해는 하나님께 나아가는 길을 사제가 주관한 것 같은 로마가톨릭을 상대로 개신교가 논증을 펼친 데 따른 결과이기도 하다. 또한 보편적 제사장론에 대한 이 해석은 최근 몇 세기 동안 이어진 극단적 개인주의의 유산이기도 한데, 이 시기에 중요한 것은 한 개인이 하나님과 맺는 개별적 관계였다. '보편적 제사장론'은 단지 모든 그리스도인이 하나님께 직접 나아갈 수 있다는 의미가 아니다. 그런 의미 말고도 '보편적 제사장론'은 무엇보다도 제사장 무리로서 우리 모두가 인류를 천상의 보좌 앞으로 인도해야 한다는 뜻이기도 하다. 고대에도 성찬을 나누기 직전 흔히 '신자의 기도'라는 순서를 갖는 게 관례였다. 이는 교회 전체가 제사장 무리로서 자기 교회 구성원 및 자신들을 박해하는 황제를 포함해 타인을 위해 기도하는 순서였다.

따라서 예배 중에 교회가 타인을 위해 기도할 때 이는 교회의 사명을 이행하는 것이었고, 온 창조 세상을 하나님의 임재 앞으로 인도하는 것이었다. 이는 타인을 위한 그런 기도가 단지 자기 교회 회중 가운데 몸이 아프거나 슬픔에 잠긴 사람만을 위한 기도가 아니라, 세상 모든 교회를 위한 기도이고, 폭력과 불의로 고통당하며 하나님에게서 멀어져 있는 인류를 위한 기도이기도 하다는 뜻이다.

그리스도인의 예배는 이렇게 사명으로 귀결된다. 그 사명은 대개 예배 후에, 교회의 경계 너머에서, 일상생활 속에서 발생하기에, 파송과 축복의 말로 예배를 마치는 게 고대의 관례다. 아주 일반적으로 그 축복은 다음과 같이 삼위 하나님께서 일상생활에서 신자와 함께해 주시기를 구하는 요청이다. "주 예수 그리스도의 은혜와 하나님의 사랑과 성령의 교통하심이 너희 무리와 함께 있을지어다"(고후 13:13).

예배에서의 다양성 탐구하기

우리가 방금 논의한 이사야서의 구절이 모든 교회에서 흔히 읽히고 활용되며, 이 교회들은 이사야의 경우와 비슷한 체험에 예배의 토대를 두고 있지만, 전 세계 교회는 다양한 예배 형식을 아우른다. 그런 다양성이 발생하는 데에는 몇 가지 이유가 있다. 믿음이 구체화되는 환경인 문화가 다양한 것도 한 가지 이유다. 가장 깊고 감동적인 체험을 춤과 리듬으로 표현하는 문화도 있고, 똑같이 깊고 감동적인 체험을 깊은 침묵으로 표현하는 문화도 있다. 어떤 문화에서는 음악의 멜로디보다 리듬이 더 강하게 드러나고 어떤 문화에서는 그 반대다. 기독교 신앙은 그렇게 매우 다양한 정황에서 구체화됨으로써 그런 문화적 요소와 여러 요소를 활용해 하나님의 동일한 위엄, 동일한 죄 인식, 동일한 은혜 체험, 동일한 사명감을 표현한다.

예배에서 다양성이 드러나는 데에는 다른 이유들도 있다. 예배자들의 세대와 관련해서도 다양성이 드러난다. 왜냐하면 우리가 사는 문화는 최근 몇 년 사이 하루가 다르게 발전해, 한 세대의 표현과 취향이 그다음 세대의 표현이나 취향과 광범위하게 다른 경우가 흔하기 때문이다. 일부 사회학자들의 말에 따르면, 우리 사회에는 적어도 서로 다른 네 세대가 있다. 예를 들어, 노년 세대는 대체적으로 권위를 존중하는 반면, 그다음 세대인 베이비부머 세대는 권위에 대해 애증이 엇갈리는 태도를 보인다. 그다음 세대인 X세대는 한마디로 사회 질서에 아무 관심이 없고, 따라서 권위 전반에 대해서도 마찬가지다. 하지만 대다수의 최근 세대는 권위를 좀 더 호의적으로 바라보는 경향이 있는 것 같다. 이런 세대차는 사람과 사람 사이의 관계에서도 볼 수 있다. 예를 들어, 비교적 나이든 세대는 대면하여 만나는 편을 선호하고, 좀 더 젊은 세대는 이른바 소셜 네트워크를 선호한다.

이 모든 차이는 교회 예배에 뚜렷한 영향을 끼친다. 나이든 세대가 콘서트에 간다는 것은 가만히 앉아서 음악을 듣는다는 의미지만, 젊은 세대는 다르다. 이들에게 콘서트란 함께 노래하고 함성 지르고 심지어 '크라우드 서핑'*을 하며 함께 참여하는 것을 말한다.

예배 때 볼 수 있는 차이점들은 사회 문화적 차이를 반영하기도 한다. 고도로 계층화된 사회에서는 교육 수준도 다 다르고, 사회적 관습도 다르며, 예의의 표현 등도 다르다. 이 모든 요소를 오늘날 예배의 다양성에서 확인할 수 있다.

이 장을 시작할 때 예배는 교회가 일치를 이루는 데 중심축이어야 하지만 사실은 교회의 분열이 더 뚜렷해지고 깊어지는 영역 중 하나라고 말한 이유가 바로 이것이다. 어떤 이들은 심지어 "예배 전쟁"이라는 표현까지 쓰는데, 이 전쟁에서 교회들은 예배에 관한 상반되는 감정 때문에 두 그룹으로 나뉜다. 이 문제에 대해 우리는 어떻게 해야 할까? 각자의 체험이나 문화와 맞지 않는 방식으로 예배드리기를 사람들에게 기대하거나 요구할 수 없는 것은 분명하다. 예배는 우리 삶의 형편과 연결되어야 하고, 우리 존재의 가장 깊은 결을 건드려야 한다. 우리는 누구도 수를 헤아릴 수 없는 다수의 무리라는 바로 그 이유 때문에, 사람과 언어와 종족과 민족마다 예배는 다양할 것이며, 만인 공통의 획일적인 방식으로 예배를 드리고자 하는 시도는 필연적으로 실패할 것이다. 교회 역사 전

- 크라우드 서핑(crowd surfing): 관객 한 사람을 관중이 머리 위로 이어받아 옮기는 것. 때로 공연하는 가수가 관중 위로 뛰어들기도 한다. - 옮긴이

체를 통해, 심지어 최대의 일치를 이뤘던 시기에도 교회는 결코 단일하고 획일적이고 만인 공통의 방식으로 예배드린 적이 없다.

하지만 우리가 할 수 있는 일이 있다. 첫째, 모든 예배 형식은 우리가 성경에서 알게 되는 것뿐만 아니라 우리의 다양한 문화, 취향, 세대 등을 반영한다는 사실을 인정해야 한다. 그러므로 내가 어떤 특정한 예배 형식을 언급할 수는 있지만, 다른 사람들이 더 의미 있게 여기는 다른 예배 형식을 과소평가할 수는 없다. 어떤 음악 유형이 하나님의 위엄을 표현하고 내 죄를 고백하며 세상에 나가 하나님을 섬기는 데 도움이 된다 해도, 나와 똑같은 목적과 똑같은 결과를 위해 다른 유형의 예배 음악을 채택하는 사람들을 비판해서는 안 되고 비판할 수도 없다. 간단히 말해, 우리가 가장 먼저 해야 할 일은 수많은 형식과 언어로 예배드리는 예수 그리스도의 단일한 교회의 구성원으로 서로를 인정하고, 엄청나게 다양한 문화와 체험으로 믿음을 구체화하는 것이다.

둘째, 예배는 주로 나를 위한 것이 아님을 인정해야 한다. 예배는 무엇보다도 하나님을 위한 것이고, 그다음에는 예배드리는 공동체를 위한 것이며, 마지막으로 한 개인으로서 나를 위한 것이다. 그래서 예배 중 어느 순서에서든 어떤 노래나 행위가 내 기호에 맞지 않는다 해도, 아니 우리가 흔히 말하는 것처럼 "나에게 와닿지 않는다" 해도, 이것이 그 노래나 행위가 예배와 어울리지 않는다는 뜻은 아니다. 내 옆에 앉은 형제자매에게는 그 노래 가사나 행위가 엄청난 의미로 다가갈 수도 있다. 적절한 예를 하나 들어 보겠다.

몇 년 전, 영어 쓰는 사람, 스페인어 쓰는 사람, 베트남어 쓰는 사람들이 함께 모이는 한 교회에서 있었던 일이다. 이들 세 그룹은 서로를 더 잘 이해하기 위해 일정한 모임을 갖고 각자의 가장 속 깊은 체험을 나누기로 했다. 어느 날 모임에서 나이 지긋한 베트남 남자가 말하기를, 전통적으로 모든 예배에서 불리는 한 특정한 노래(영광송)가 자신이 가장 좋아하는 노래라고 했다. 어린 시절, 예배 중 갑자기 무장한 남자들이 교회에 난입해 자신의 아버지를 끌고 가서 그 후로는 아버지를 볼 수 없었는데, 그때 온 회중이 함께 부르고 있던 노래가 이 노래였기 때문이라고 했다. 그가 이런 간증을 하자 어떤 사람이 그 노래 가사를 베트남어로 가르쳐 달라고 청했다. 전 교인이 베트남어로 부르는 그 찬송, 자기 입으로 부르기는 해도 대다수가 가사를 한마디도 못 알아듣는 (물론 대체적인 의미는 알지만) 그 찬송은 그 순간부터 전 교인에게 깊은 의미를 갖게 되었다. 이 찬송이 특히 소중한 의미를 갖게 된 것은, 이 찬송을 부르는 모든 이들이 가사를 알아들었기 때문이 아니라 그 노래가 자신들과 함께 노래 부르는 한 형제에게 불러 일으킨 무언가 특별한 감정에 공감했기 때문이다.

  이 일화는 교회 안에서 그다지 극적이지는 않지만 매우 현실적인 상황이 벌어질 때, 예를 들어 어떤 그룹은 이런 예배 음악을 좋아하고 또 어떤 그룹은 저런 음악을 좋아하는 상황에서 우리가 따라야 할 하나의 사례가 될 수 있을 것이다. 예배가 나를 위한 것 혹은 내 것이 아니라 사실은 공동체 전체의 예배라면, 그 공동체의 한 부분으로서 나는 믿음의 형제자매들의 감정과 체험을 이해하고 공감하기 위해 모든 노력을 다해야 한다. 어느 시점에서 예배의 어떤 요소가 "내게 와닿지 않는다" 해도, 적어도 그 요소가 나와 함께 예배드리는 사람들에게 무슨 말을 하는지 들어 보려고 할 수는 있다. 마찬가지로, 예배의 어떤 부분이 다른 사람들에게는 아무 의미가 없는데 나에게는 중요할 경우, 그 사람들 또한 그게 왜 그런지 이해하려고 애쓸 것이다.

또한 예배 형식상의 차이점들은 우리가 생각하는 만큼 심각하지 않은 경우가 많다는 것을 알아야 한다. 예를 들어, 비교적 전통적인 유형의 예배에서는 예배를 인도하는 사제가 "주님께서 여러분과 함께 계십니다"라고 말하고, 회중은 "주님께서 사제와 함께 계십니다"라고 화답한다. 이와는 근본적으로 달라 보이는 예배에서는 예배를 인도하는 사람이 "좋은 날입니다. 하나님께서 복 주시기를 빕니다"라고 하고, 회중은 "좋은 날입니다"라고 화답한다. 어떤 인도자는 "주님께 감사드립시다"라고 하고, 이에 회중은 "그리하는 것이 합당하고 옳습니다"라고 화답하며, 또 어떤 교회에서는 인도자가 "하나님은 선하십니다"라고 하고 회중은 "항상 선하십니다"라고 화답한다. 첫 번째 사례는 비교적 전통적이고, 나머지는 좀 더 일상적 언어를 쓰지만, 둘 모두 똑같은 말을 하고 있다. 예배의 다른 많은 요소에서도 마찬가지다. 어떤 사람은 "마음을 들어 올리라"고 하고, 어떤 사람은 "손을 높이 들라"고 말한다. 어떤 사람은 "주 예수 그리스도의 평강이 여러분과 함께"라고 말하고, 어떤 사람은 "주께서 복 주시기를 빕니다"라고 한다. 이런 관행들을 분석해 보면, 차이점이 우리의 생각만큼 크지 않으며, 이는 그저 동일한 감정과 체험을 서로 다른 방식으로 표현하는 것뿐임을 알 수 있다.

 이 모든 사실에서 우리가 중요하게 깨달아야 할 점은, 교회의 사명은 교회 건물 밖에서만 생겨나지 않는다는 것이다. 교회 예배도 교회 사명의 일부이기 때문이다. 어째서 그런가 하면, 첫째로, 예배 자체가 하나님께서 믿음의 공동체에 임재하신다는 선언이요 그 공동체를 향한 하나님의 사랑을 선언하는 일이기 때문이다. 둘째로, 우리가 예배 자체에서 표현하고 축하하는 그 화해가 교회 사명의 본질적 요소이기 때문이다. 마지막으로, 교회의 사명에는 이웃을 위한 기도가 포함되기 때문이며, 이 기도는 우리가 제사장으로서 교회와 교회 구성원뿐만 아니라 하나님의 창조 세계 전체를 위해서도 의무적으로 드려야 할 기도다.

*　　*　　*

이 장에서 우리는 예배 일반에 초점을 맞춰 이야기를 진행했다. 하지만 교회가 수 세기에 걸쳐 지켜 왔고 오늘날에도 예배의 본질적인 부분으로 거행하는 두 가지 중요한 의식(儀式)이 있다. 세례와 성찬이 바로 그것인데, 이에 대해서는 다음 장에서 논의해 보겠다.

생각과 토론을 위한 질문

1. 예배가 우리를 연합시키기보다 분열시키는 경우가 더 많은 이유는 무엇인가? 여러분의 교회에는 예배에 관해, 그리고 예배 때 무엇을 해야 하는가에 관해 논쟁이나 심지어 불화가 있지

는 않은가? 그런 차이점을 해결하고 모두가 동등하게 예배에 함께하도록 나는 어떤 도움을 줄 수 있는가?

2. 예배 때 나는 좋아하지 않지만 다른 사람들은 중요하다고 생각하는 어떤 일이 행해지면 나는 어떤 태도를 보이는가? 어떻게 하면 그 태도를 바꿀 수 있겠는가?

3. 이사야의 환상을 바탕으로 이 장에서 논의한 예배의 다양한 요소들을 다시 생각해 보라. 그 요소들을 자신이 속한 교회의 예배와 비교해 보라. 여기서 언급된 일부 요소들을 망각하는 경향은 없는가? 어떻게 우리의 예배에 그 요소들을 회복할 수 있는가?

4. 예배 인도를 전문으로 하고, 자신을 '예배자'라고 부름으로써 이 역할을 표현하는 사람들을 만난 적이 있는가? 이것이 과연 적절한가? 그런 호칭에는 어떤 가치가 있고 어떤 위험이 있는가?

5. 예전(liturgy)에 대해 말할 때 우리는 보통 일정한 일련의 의식(儀式), 말, 상징이 포함된 구체적 예배 방식을 가리킨다. '예전'이 하나님께 영광을 돌리고 하나님의 말씀을 듣는 방식이라면, 어떤 식으로든 예전적이지 않은 예배가 있을 수 있는가? '예전'이라는 말을 들으면 대체적으로 긍정적으로 반응하는가, 아니면 부정적으로 반응하는가? 그리고 그 이유는 무엇인가?

8

세례와 성찬

교회에는 아주 초기부터 교회 생활에 중대한 역할을 하는 두 가지 의례 혹은 의식이 있었는데, 바로 세례와 성찬이다. 이 두 가지 의례는 일반적으로 '성례' 또는 '성례전'으로 알려져 있다. 어떤 교회는 두 가지 표현 중 첫 번째인 '성례'(sacrament)를 선호한다. 아우구스티누스의 말을 빌리자면, 성례는 "내적이고 비가시적인 은혜의 외적이고 가시적인 표"다. 어떤 교회는 이 두 가지 의식을 '성례전'(ordinance)이라고 표현하기를 더 좋아하는데, 이는 이 의식을 행하라고 명하신(order) 분이 그리스도임을 가리킨다. 일반적으로 둘 중 '성례'라는 표현을 선호하는 이들은 세례와 성찬에서 하나님의 행위를 역설하는 반면, '성례전'을 선호하는 이들은 이 의식을 신자의 회개와 헌신을 나타내는 상징적 행동으로 본다. 이에 대해서는 나중에 다시 살펴보기로 하자.

거의 모든 개신교 교파가 '성례' 또는 '성례전'으로서의 이 두 가지 관행에 대해 말하지만, 이에 동의하지 않는 교파도 있다. 그 중에서 가장 잘 알려진 교파는 퀘이커교 또는 친우회(Friends), 그리고 구세군이다. 퀘이커교는 17세기 기독교 예배에 형식주의가 지나치고 내용이 불충분하다고 생각한 일단의 신자들이 이에 대항하여 일으킨 교파다. 그리스도께서 성찬에 임재하시는 방식을 두고 끝없는 논쟁이 벌어지는 광경은 성찬의 참된 본질, 즉 사랑의 정신을 부인하는 것처럼 보였다. 퀘이커 교도는 이에 대항하여 참된 세례와 참된 성찬 모두 세례식의 물이나 성찬식의 떡과 포도주 같은 외적 수단이 필요 없는 내적이고 비가시적인 현실이라고 주장한다.

구세군은 19세기에 생겨난 교파로서, 퀘이커교와 비슷한 이유로 세례나 성찬을 시행하지 않는다. 또 한 가지 이유는, 당시 여자들에게는 성찬을 주관하는 게 허용되지 않았다는 것이다. 초창기부터 구세군은 남자와 여자의 절대 동등성을 주장했으며, 여자들이 성례를 주관하는 게 허용되지 않는다면 남자도 성례를 주관해서는 안 된다는 것이 이들의 생각이었다. 게다가 구세군 조직은 알코올 중독자들 사이에서 일하는 경우가 많았기에, 성찬식 때 쓰이는 포도주 때문에 혹 다시 알코올 중독에 빠지는 사람이 있지 않을까 하는 염려가 있었다. 그러나 어쨌든 구세군은 성례 자체를 반대하지 않으며, 구성원이 다른 교회에서 세례를 받거나 성찬 받는 것을 반대하지 않는다는 점을 지적하는 게 중요하다.

대다수 개신교 교파는 성례 또는 성례전 중에서 세례와 성찬만을 중시하지만, 어떤 교파는 요한복음 13장 14-17절에 기록된 예수님의 말씀을 좇아 세족식을 추가하기도 한다. 특별한 경우에 세족식을 행하기는 하지만 이를 세례나 성찬 같은 성례 혹은 성례전으로 여기지 않는 교파도 많다. 로마가톨릭에서는 성례(성사)에 일곱 가지가 있다고 말하며, 그 일곱 가지는 세례성사·견진성사·성체성사·고해성사·혼인성사·성품성사·병자성사다. 역사에 근거할 때 고대에는 세례와 성찬이 특별한 중요성을 지닌 한편 다른 여러 의식들도 이따금 '성례'라고 불렸다고 말할 수 있다. 12세기가 되어서야 주로 페트루스 롬바르두스(Petrus Lombardus)의 영향력 있는 저서인 네 권의 『명제집』(Sentences)을 통해 비로소 성례가 일곱 가지로 확정되었다. 정교 전통(그리스 정교회와 러시아 정교회 같은)에서는 고대에서와 마찬가지로 특히 세례와 성찬을 강조하는 것이 가장 일반적인 관행이지만, 다른 많은 의례와 의식을 "신비한 의식"(mysteries)이라고 부르기도 하며, 이는 이 정교회들이 성례를 일컫는 방식이다.

요약하자면, 대다수 기독교회는 세례와 성찬을 특히 중요하게 여기며, 대개는 세례를 그리스도인의 삶으로 들어가는 입문식으로 본다.

세례와 관련된 의견 불일치

잘 알려져 있다시피, 세례에 관해서는 다양한 개신교 전통 사이에 광범위한 이견(異見)이 있다. 세례를 시행하는 방식과 관련해서도 의견 불일치가 있고 세례를 받는 나이와 관련해서도 의견이 다르다. 이 두 가지 쟁점을 차례대로 살펴보자.

첫째, 세례를 어떻게 시행해야 하느냐는 문제가 있다. 신약성경의 언급을 보면, 세례는 예수 그리스도의 죽음과 부활에 바탕을 둔, 신자의 죽음과 새 생명의 표임을 알 수 있다. 따라서 아주 초기에는 침례 방식의 세례가 아주 일반적이었다는 데 별 의심의 여지가 없다. 예수께서 무덤으로 내려갔다가 나온 것처럼, 세례 받는 사람도 물속으로 들어갔다가 나오는 것이다. 하지만 형편에 따라 다른 형태의 세례도 허용된 것이 분명하다.『디다케』(Didache), 혹은『열두 사도의 가르침』(Doctrine of the Twelve Apostles)은 아직 신약성경이 완성되지 않은 때인 1세기 말에 기록된 문서로서, 세례는 "살아 있는 물", 즉 흐르는 물에서 시행해야 한다고 가르친다. 하지만 상황을 고려해서, 흐르는 물이 없는 경우에는 고여 있는 물에서 세례를 시행할 수도 있고, 고여 있는 물조차 없는 경우에는 성부와 성자와 성령의 이름으로 머리에 물을 세 번 부음으로써 세례를 시행할 수도 있다. 지금까지 발견된 가장 오래된 세례당(洗禮堂)의 규모를 보면, 사람 하나가 완전히 잠기기 어려운 크기다. 여러 단서들과 종합해 볼 때, 세례 받는 사람이 물속으로 들어가 무릎을 꿇으면 그 사람 머리 위로 물을 붓는 것이 한 가지 세례 방식이었다는 결론에 이르게 된다. 오늘날까지 동방 교회에서 가장 흔한 관행은, 어린아이에게는 침례 방식으로 세례를 주고, 성인은 세례용 풀(pool)에 무릎 꿇고 앉게 한 뒤 머리에 물을 붓는 방식으로 세례를 주는 것이다.

서방 교회, 즉 로마가톨릭과 개신교의 근원인 라틴어권 교회에서도 오랫동안 동일한 관례를 좇았다. 11세기 로마가톨릭에서 어린아이는 여전히 침례 방식으로 세례를 받았다(변화가 일어나게 된 한 가지 이유는, 기독교가 북쪽의 한랭한 지역으로까지 확장됨에 따라 어린 아이에게 침례로 세례를 주기가 점점 어려워졌고 어쩌면 아이에게 해가 될 수도 있었기 때문인 것 같다). 오늘날 일부 개신교도들은 침례만이 유일하게 유효한 세례라고, 다른 방식으로 세례 받은 사람들은 세례를 다시 받아야 한다고 주장한다. 또 어떤 이들은 침례 방식을 고수하되 다른 방식으로 세례 받은 사람들을 받아들인다. 세례 받는 사람의 머리에 물을 붓거나 뿌리는 방식으로 세례를 시행하는 교회들도 거의 모두 침례 방식의 세례를 인정한다.

어느 경우든, 논리적으로 가장 필연적인 차이는 세례 방식에 있지 않고 세례 받는 사람의 나이와 상태에 있다는 점을 주목하는 게 중요하다. 16세기 관행에 이 점이 암시되어 있다고 할 수 있다. 즉, 최초의 재세례파들은 원래 침례로 세례를 주지 않았으며, 나중에야 침례를 주장하기 시작했다.

세례 받는 사람의 나이 문제는 훨씬 더 중요하다. 이 문제는 세례 자체에 관해 의견이 다른 데서 나온 결과이기 때문이다. 이 쟁점을 해결하기가 특히 어려워지는 이유는, 양측이 각자의 주장을 입증하려고 제시한 모든 논증에도 불구하고 신약성경이 사실상 이 문제에 관해 명쾌히 말하지 않기 때문이다. 신약성경은 유아 세례를 언급하지도 않고 금하지도 않는다. 주후 200년 무렵, 테르툴리아누스는 유아 세례를 반대하는 글을 썼지만, 반대 이유는 오늘날 우리가 접하는 이유와 매우 다르다. 테르툴리아누스는 세례가 과거의 모든 죄를 다 사면해 주고, 이 사면 행위는 되풀이할 필요가 없으며, 따라서 세례 받을 사람이 젊은 시절의 모든 죄를 뒤로할 때까지 세례가 미뤄져야 한다고 생각했다. 3세기 히폴리투스는 세례를 어떻게 시행할 것인가에 관한 상세한 지침에서, 세례 받는 사람들 중에는 자신에게 주어지는 질문에 대답할 수 없을 만큼 어린 아이들도 있을 것이며 그런 아이 대신 부모가 대답하는 것을 당연하게 여긴다. 간단히 말해, 역사 연구가 몇 가지 유용한 암시를 주기는 해도 이 문제를 완전히 해결해 주지는 않는다.

 종교개혁 때 일부 사람들이 유아 세례를 배격하기 시작했는데, 유아에게 세례를 준다는 것은 이른바 기독교 사회에서 태어났다는 단순한 사실만으로 그 사람이 그리스도인이 될 수 있음을 암시한다는 게 그 이유였다. 그렇게 되면 그 사회에 속한 사람이 교회에도 속하므로 실제적으로 교회가 일반 사회와 전반적으로 동일한 시공간에 겹치게 된다. 이는 교회가 국가 교회이던 시절의 특징이었고, 그런 시절에는 한 국가에 태어난 사람은 모두 그 국가의 종교를 따라야 했다. 초기 재세례파가 유아 세례를 거부한 것은 국가와 일반 사회가 엄청나게 다르며 일반 사회에 속한 사람이 교회에 속한 사람임을 보증하지 않는다고 믿었기 때문이다. 근래에도 전통적으로 유아에게 세례를 주어 온 교회 소속의 일부 신학자들이 같은 이유로 유아 세례 관행에 반론을 펼쳐 왔다. 반론의 근거는 그런 세례가 타당한가 타당하지 않은가의 여부가 아니라, 우리 사회가 과거에 비해 훨씬 세속화된 것을 고려할 때 단지 그 사회의 일원이라는 사실만으로 어떤 사람이 저절로 신자가 되지는 않는다는 것을 교회가 아주 분명히 해야 한다는 것이다.

오늘날, 유아 세례를 반대하는 이들이 가장 일반적으로 언급하는 이유는, 세례는 회개와 회심의 표인데, 어린아이는 이를 이해하지 못하며 이해할 수도 없다는 것이다. 이는 중요한 사항이다. 하나님의 은혜는 우리 편에서 이를 받아들이기를 요구하고, 앞에서 지적한 것처럼 믿음과 이해 사이에는 밀접한 관계가 있기 때문이다. 한편, 우리는 이 논의를 너무 멀리 확장하지 않도록 주의해야 한다. 세례가 무엇이고 무슨 의미인지 이해하게 될 때까지 기다렸다가 세례를 받아야 한다면 평생 세례를 못 받을 수도 있기 때문이다. 세례에 나타난 하나님의 은혜의 행위는 믿음 자체와 회심의 경우와 마찬가지로 언제나 우리의 머리로는 결코 이해할 수 없는 신비다. 우리 사회 인구가 노화하고, 기억력과 지력이 떨어지는 노인 인구가 점점 늘어남에 따라 이는 중요한 문제가 된다. 이는 기억력과 지력이 떨어진 이들은 세례를 이해하지 못하므로 세례 받아 봤자 이제 아무 의미도 없다는 뜻인가? 절대 그렇지 않다! 하지만, 설령 그럴지라도 성인 세례를 지지하는 이들의 주장은 완강하며, 성인 세례를 역설하는 사람들은 믿음이란 개인의 결단과 헌신의 문제여야 한다고, 설령 주변 세상이 기독교 세상을 자처할지라도 교회는 그 세상과 같지 않다고 전체 교회에 확언한다.

유아 세례를 옹호하는 가장 일반적인 논거는 가장 허약한 논거이기도 하다. 즉, 교회는 수백 년 동안 유아 세례를 시행해 왔고, 유아 세례는 어쩌면 신약 시대에 시작되었으리라는 것이다. 신약 성경 자체는 이 문제에 관해 아무런 지침을 주지 않기에, 성경과 모순되지 않는 한 전통적 관행은 지속되어야 한다고 믿는 사람들은 지금까지 해 온 것을 그냥 계속한다. 유아 세례를 옹호하는 가장 강력한 논거는 세례 자체가 절대적으로 값없는 하나님의 은혜의 표라는 것이다. 그 은혜를 받을 만한 공로가 전혀 없는 어린아이에게 세례를 줌으로써 구원에서는 우리 자신의 행위나 우리가 행하거나 믿거나 선포할 수도 있는 어떤 일이 아니라 하나님의 자애로운 은혜에 초점이 맞춰져야 한다는 점을 우리 모두가 기억하게 된다는 것이다. 신앙을 고백하는 일은 그리스도인의 삶에서 핵심적으로 중요한 문제지만, 우리의 존재와 우리가 믿는 것이 어쨌든 하나님의 은혜의 선물임을 선포하는 것이 바로 그 고백의 시작이어야 한다. 전통적으로 유아에게 세례를 주는 교회에서도 세례는 단순히 아기들에게 베푸는 멋진 의례가 아니라, 부모 및 조부모와 이들이 속한 교회의 신앙고백에, 그리고 세례 받는 아이가 동일한 신앙의 길을 갈 수 있도록 지도하겠다는 다짐에 토대를 둔다는 주장이 점점 힘을 얻어 가고 있다.

요약하자면, 성인에게만 세례를 주는 관행은 하나님의 은혜를 적극적이고 헌신적 태도로 받아들일 필요가 있다는 사실을 온 교회 앞에 증언하는 반면, 유아 세례 관행은 구원에서 은혜가 무엇보다 중요하다는 사실을 증언한다. 두 가지 증언 모두 옳으며, 교회에는 확실히 이 두 가지 증언이 모두 필요하다.

다른 많은 문제와 마찬가지로 이 문제에서도 이 두 가지 입장은 기독교 신앙의 근본적 요소를 부인하는 극단에 빠질 위험을 우리에게 경계시킨다. 유아에게 세례를 베푸는 이들은 은혜가 가장 중요하다는 점을 온 교회에 일깨운다. 유아 세례를 거부하는 이들은 하나님의 은혜를 받아들이려는 의지의 필요성을 온 교회에 일깨운다. 에베소서 4장에서는 "하나의 세례"에 대해 말하는데, 이는 누구나 조금도 틀림없이 똑같은 방식으로 시행하는 세례를 말하지 않는다. 이는 한 성령 덕분에 우리를 그리스도의 한 몸의 일부로 만들어 주고, 우리가 한 소망에 참여하게 해 주기 때문에 하나인 세례를 뜻한다. 본문 자체가 말하다시피, 이 문제에 관한 한 우리는 다른 많은 문제에서와 마찬가지로 "모든 겸손과 온유로 하고 오래 참음으로 사랑 가운데서 서로 용납하고 평안의 매는 줄로 성령이 하나 되게 하신 것을 힘써 지"켜야 한다(엡 4:2-3). 우리에게 부르심의 "한 소망"(4절)이 있고 "한 분 … 곧 만유의 아버지"(6절)이신 하나님이 계심은 한 성령과 한 주님께 대한 화답이지 그렇게 하기로 우리 사이에서 의견 일치를 본 덕분이 아니다.

세례는 무엇을 의미하는가

그렇다면, 세례의 의미는 무엇인가? 그 대답은, 세례에는 상호 모순되지 않고 오히려 상호 보완적인 여러 가지 다른 의미가 있다는 것이다.

첫째, 세례 특히 성인 세례는 우리 믿음의 증거다. 세례 받는 사람은 세례식의 한 부분으로서 자기 믿음을 공개적으로 선언하는 것이 보통이다(유아 세례를 시행하는 교회에서도 믿음을 공개적으로 선언할 것을 요구한다. 이 경우 부모나 아이 양육자가 아이를 대신해서 선언하기는 하지만).

하지만 세례는 하나님의 은혜의 수위성(首位性)을 확언하는 것이기도 하다. 세례 때 우리는 자연에서 바로 얻을 수 있는 물을 사용한다. 물은 인간의 노력이나 수고의 결과물이 아니고, 하나님에게서 값없이 오는 선물이다. 이런 식으로 세례는 우리에게 비를 내리고 물을 주시는 하나님은 자기 백성에게 은혜의 비를 내리는 바로 그 하나님이심을 우리에게 일깨워 준다.

또한 세례는 온 교회가 새로운 지체를 몸으로 받아들여서 그 사람에 대해 책임을 지는 행동이기도 하다. 대다수 개신교 교파가 세례는 사적(私的)으로가 아니라 온 회중 앞에서 시행해야 한다고 주장하는 이유가 바로 이것이다. 세례식 때, 세례 받는 사람은 하나님께 충실할 것을 서약한다. 그리고 세례를 시행하는 교회는 각 구성원들이 세례 받을 때 한 서약을 새롭게 하면서, 새로이 세례 받은 사람과 믿음의 순례 길에 동행할 것을 또한 서약한다.

고대 교회 사람들은 "세례의 인(印)"을 자주 언급했다. 노예에게 주인의 낙인이 찍히는 것처럼, 세례 때 우리에게는 우리 주님의 인이 찍힌다. 세례를 받고 하나님의 은혜로 그리스도의 종이 되었으므로 우리는 이제 악의 종이 아니다. 오늘날 용어로 표현한다면, 세례란 새로운 시민 자격을 확증하는 증명이라고 할 수 있을 것이다. 오늘날에는 사람들이 다른 나라에 가서 새로운 시민권을 얻는 "귀화" 의식이 자주 있다. 세례에서도 비슷한 일이 일어나는데, 바울이 말하다시피 "우리의 시민권은 하늘에 있"는 까닭이다(빌 3:20).

성경은 세례의 "깨끗하게 함"에 대해서도 자주 언급한다. 깨끗하게 한다는 이미지는, 세례 때 하나님의 은혜로 믿음을 통해 우리가 죄에서 깨끗하게 된다는 의미다. 이는 설득력 있는 이미지로서, 자신이 죄로 더럽혀졌다는 강한 인식을 갖고 세례 받으러 나오는 사람들에게는 특히 더 그렇다. 그러나 이와 동시에 중요한 것은, 세례가 과거의 죄를 사함 받는 일종의 사면으로 보이게 해서는 안 된다는 것이다. 그렇게 되면 세례 후에 죄를 지었을 때 또 다른 형식으로 이를 깨끗하게 해야 한다는 결과가 생긴다. 중세 교회에 바로 그런 일이 발생했으며, 이는 결국 면죄부 판매라는 결과를 낳았고, 루터를 비롯해 많은 이들이 이에 저항했다.

이런 이유로, 세례를 이해하는 다른 이미지나 방식을 염두에 두는 게 중요하다. 즉, 세례를 그리스도와 그분의 몸에 접붙임 받는 것으로 보는 것이다. 접붙임 이미지의 근거는 요한복음 15장에서 볼 수 있다. 여기서 예수님은 자신이 참포도나무이며 우리는 가지들이라고 말씀하신다. 가지는 포도나무에 접붙여져서 그 접붙임 덕분에 살며, 그 접붙임을 통해 포도나무의 생명이 가지로 들어온다. 접붙임은 접붙임이 완료될 때뿐만 아니라 가지가 포도나무의 일부로 있는 한 계속 유효하다. 마찬가지로, 세례는 그리스도인 삶의 시작일 뿐만 아니라 세례 받는다는 사실 자체는 신자로서의 우리 존재를 만들어 주는 기본 현실이다.

로마가톨릭 신학자 카를 라너(Karl Rahner)는 우리가 세례 때 죽기 시작한다고, 세례라는 새 탄생은 우리의 육체적 죽음에서 마침내 완성된다고 일깨워 준다. 그리스도의 죽음과 부활, 그리고 다른 한편으로 신자의 죽음과 새 생명 사이의 이 관계는 고대 교회에서 대다수의 세례식을 부활절 아침 일찍 거행하는 관례를 통해 표현되었다.

성찬에 관한 상이한 믿음

이제 성찬으로 관심을 돌려 보면, 성찬도 세례와 마찬가지로 여러 기독교 교파 사이에 의미 있는 의견차를 빚었다는 것을 알 수 있다. 먼저, 성찬이 거행되는 방식에 관한 의견차가 있다. 어떤 교회에서는 신자들이 자기 자리에 앉아 빵과 포도주를 받는 반면, 어떤 교회에서는 모든 신자가 앞으로 나가 무릎을 꿇고 빵과 포도주를 받는다. 어떤 교회에서는 포도주를 쓰고, 어떤 교회에서는 포도 주스를 쓴다. 어떤 교회에서는 빵을 쓰고, 어떤 교회에서는 얇고 납작한 제병(祭餠)을 쓴다. 하지만 이 모든 차이도 성찬의 참된 의미 및 그리스도께서 성찬에 임재하시는 방식을 두고 벌어져 온 대논쟁에 비하면 아무것도 아니다. 이런 차이점들 중 어떤 것은 아주 단순한 방식으로 서술될 수 있다. 로마가톨릭은 화체설 교리에 찬동하는데, 화체설은 축성하는 바로 그 행위에서 빵과 포도주가 이제 더는 빵과 포도주가 아니라 빵과 포도주의 모양으로 보이는 그리스도의 몸과 피가 된다고 가르친다. 대다수 루터교 전통에서는 빵과 포도주는 여전히 빵과 포도주이지만 예수 그리스도의 몸과 피이기도 하다고 주장한다. 이 같은 입장은 공재설이라 불리기도 한다. 다른 많은 교회는 성찬이 본질적으로 예수님의 죽음과 부활을 기억하게 하는 상징적 행위라고 주장한다. 이런 논쟁의 결과, 모든 신자들 사이에 일치의 고리가 되어야 하는 성찬이 오히려 분열과 독설의 주원인이 되는 비극이 발생한다. 이런 이유로 장 칼뱅은, 중요한 것은 그리스도께서 성찬 상에 오시는 게 아니라, 성찬을 거행하는 바로 그 행위를 통해, 성령의 능력으로 회중이 하늘로 들려 올라가, 예수께서 하나님 우편에 앉아 계신 그곳에서 마지막에 있을 잔치를 미리 맛보는 것이라고 주장하면서 그런 논쟁을 접어 두고자 했다.

여기서 우리는 그런 논쟁을 해결했다고 주장하는 일 없이, 성찬에서 자주 망각되거나 중요성이 가려지는 다른 국면에 초점을 맞춰 보겠다. 그중 첫 번째는 신자들 사이를 주도해야 할 사랑과 공의의 정신이 성찬과 어떤 관계인가 하는 것이다. 이는 바울이 고린도인들에게 보낸 첫 번째 편지 11장의 잘 알려진 구절에서 볼 수 있다. 이 구절에서 우리는 다른 무엇보다도 "주의 몸을 분별하지 못하고 먹고 마시는 자는 자기의 죄를 먹고 마시는 것이니라"(11:29)라는 말씀을 보게 된다. 우리는 흔히 이 말씀이 빵과 포도주에 그리스도께서 임재하심을 이해하는 방식을 가리킨다고, 혹은 성찬 상으로 나아가는 우리의 감정이나 태도를 가리킨다고, 심지어 우리의 경건 부족을 가리킨다고 생각한다. 하지만 전체 구절을 읽어 보면, 바울이 염려하는 것은 예수께서 성찬에 어떻게 임재하시는가 하는 교리적 문제가 아니라, 고린도 신자들이 만찬을 사랑과 친교의 참된 계기로 여기지 않고 어떤 이는 너무 많이 먹고 마시고 어떤 이는 굶는 식으로 성찬을 왜곡했다는 것이다. 그것이 바로 바울이 이들에게 "너희가 함께 모여서 주의 만찬을 먹을 수 없으니"(11:20)라고 훈계하는 이유다. 전체 문맥으로 볼 때, 주의 몸을 분별치 않는 것에 관해 바울이 하는 말은 빵 자체를 가리킨다기보다, 모인 공동체, 즉 그리스도의 몸인 교회를 가리킨다. 합당치 않은 방식으로 먹고 마시는 이들은 성찬에 참여하는 행위 자체로 그리스도의 몸인 교회에 반드시 존재해야 하는 사랑과 공의의 정신을 배격하는 사람들이다.

이렇게 되면 성찬 문제에서 여러 가지 이유로 소홀히 여겨지곤 하는 또 다른 측면에 이르게 된다. 그것은 성찬 자체가 지닌 축하의 성격이다. 방금 인용한 바울의 말을 잘못 이해하면, 합당한 태도로 먹고 마신다는 것은 우리의 죄를 깊이 후회하고 슬퍼하는 태도로 먹고 마신다는 뜻이라고 생각하게 된다. 이는 성찬이 원래 지닌 기쁨과 축하의 정신을 서서히 잠식하고 그 대신 엄격한, 심지어 장례식 같은 분위기로 만들어 버리는 과정이 수백 년 동안 서서히 지속되어 온 결과다. 초대 교회에서 성찬 때 구체적으로 기념한 것은 예수님의 십자가형보다는 그분의 부활이었다. 당연한 말이지만, 십자가형이 먼저 일어났기에 부활이 중요해진다. 게다가 마지막 방점은 십자가가 아니라 빈 무덤에 찍힌다. 이것이 바로 초기부터 그리스도인들이 특별히 그 주 첫날에 모여서 빵을 떼는 이유다. 이들이 그렇게 한 것은 한 주의 첫날이 부활의 날이기 때문이다(그와 동시에, 한 주의 첫날, 또는 '주일'에 모인다고 해서 이 신자들이 일곱 번째 날인 안식일을 거부한다거나 안식일을 일요일로 대체하려 하지는 않았다는 점을 지적해야 한다. 오히려 유대인 출신 그리스도인들은 한동안 안식일을 안식하는 날로 계속 지켰으며, 이방인 그리스도인들 중에서도 그렇게 할 수 있는 사람은 그렇게 했다. 하지만 모여서 성찬을 거행하는 특정한 날은 한 주의 첫날, 즉 예수께서 부활한 날이었다). 어떤 면에서는 최초의 거룩한 주간에 있었던 일을 매주 기념했고, 그래서 예수께서 십자가에 달린 날인 금요일은 금식과 회개의 날이기도 한 반면, 한 주의 첫날 즉 부활의 날은 축하하는 시간이었다. 더 나아가서, 창세기 기사에서 창조는 한 주의 첫날 시작되었기에, 성찬 때 교회는 첫 번째 창조 및 예수님의 부활과 함께 시작된 두 번째 창조 두 가지를 모두 축하했다. 성찬을 거행하는 것은 종말의 날에 있을 마지막 잔치를 미리 맛보는 것이기도 했으며, 그때가 되면 매주 끝없이 돌아가는 것만 같던 시간이 끝나고 영원이 밝아올 것이다.

이 모든 사실이 성찬을 즐거운 의식으로 만들었다. 이것이 바로 오늘날 성찬을 매우 엄숙하고 엄격하게 거행하는 교회들에서도 여전히 성찬을 "축하하기"라고 말하는 이유다. 더 나아가서 최근 몇 십 년 사이, 교회에서 고대 예배 관행을 재발견함에 따라 많은 교회들이 참된 잔치 성격의 성찬으로 돌아갔다. 이는 특히 일부 교회들이 의식서에 사용하는 용어에서 확인할 수 있다. 예를 들어, 오십여 년 전 "참으로 간절히 자기 죄를 회개하는 모든 사람들이여…"라는 말로 사람들을 성찬으로 부르던 교회들에서 이제는 "이는 하나님의 백성들의 기쁜 잔치로다"라는 선언으로 새로운 의식을 시작한다.

성찬은 무엇을 의미하는가

성찬의 의미에 관해서는 뭐라고 말할 수 있을까? 성찬은 예배의 다른 모든 순서와 마찬가지로 포도나무에 접붙여진 가지가 그 포도나무에서 자양분을 얻는 것과 비슷하다는 말로 이야기를 시작해야 한다. 접붙임 자체(이 경우에는 세례)는 언제나 효력이 있지만, 포도나무만이 줄 수 있는 자양분도 필요하다. 세례 및 신앙고백을 통해 그리스도의 몸의 지체가 된 우리는 계속 그 몸의 일부로 살 수 있도록 끊임없이 자양분을 공급받을 필요가 있다. 이것이 바로 세례는 반복되지 않지만 성찬은 반복되는 이유이며, 포도나무에 접붙이는 행위는 반복되지 않으나 접붙여진 가지는 여전히 포도나무에서 자양분을 계속 공급받아야 하는 것과 마찬가지다. 성찬은 하나님께서 주시는 모든 선물에 대해 감사를 드리는 의례이기도 하다. 이것이 바로 성찬이 흔히 "유카리스트"(eucharist, 감사)라고 불리는 이유로서, 이는 감사드리는 행위를 뜻하는 그리스어에서 나온 단어다. 복음서에서 보면, 예수님은 만찬을 제정하실 때 "감사 기도"를 하셨다. 그러므로 성찬은 우리를 에워싸고 우리를 먹이는 첫 창조의 모든 선물에 대해, 그리고 영생의 약속인 새 창조의 선물에 대해 감사하는 마음으로 거행하는 감사 의례 혹은 유카리스트다.

마지막으로, 성찬은 그리스도의 몸의 지체로서 우리의 일치를 축하하는 의례다. 바울이 말하다시피, "떡이 하나요 많은 우리가 한 몸이니 이는 우리가 다 한 떡에 참여함이라"(고전 10:17). 우리는 빵을 비롯해 여러 음식을 호의와 일치의 표로서 나누는 행위의 중요성을 자주 망각한다. 영어로 "동행하기"(to accompany)라는 말은 원래 함께 빵을 뗀다는 의미였다. 성찬 때 함께 빵을 뗌으로써 우리는 서로의 동반자임을 선포하고, 그와 동시에 우리가 그리스도의 떡을 나눌 때 그분이 오셔서 우리의 동행이 되셨다는 사실을 축하한다.

이 사실에서 또 한 가지 중요한 점이 이어진다. 세례의 물을 성찬의 빵과 포도주에 비교해 보면, 물은 하나님께서 공급해 주시는 대로 쓰이는 반면 빵과 포도주는 이것을 만들 때 인간의 참여가 요구된다. 인간의 수고를 통해 밀이 빵이 되고 포도가 포도주가 된다. 이렇게 그리스도 안에서 하나님이 우리의 동행이 되신다고 선포함으로써 우리는 우리가 하는 일이 하나님의 일에 기여할 수 있고 또 기여해야 한다고 단언하기도 한다. 이것이 바로 세례 때는 우리가 하나님께 물을 바치는 의식이나 발언이 없지만, 성찬에서는 우리가 나누려는 빵과 포도주를 하나님께 바치는 행위가 있는 이유다. (오늘날 우리는 헌물을 모으는 행위를 가리키는 말로 '봉헌'이라는 단어를 자주 쓰지만, 원래 이 단어는 성찬을 위해 포도주와 떡을 하나님께 바치는 것을 가리키는 말이었고, 여기에 다른 헌물이 부수될 수 있었으며, 지금도 많은 교회에서 그렇게 쓰인다).

사람들이 성찬에 참여하기 위해 예배당 앞으로 나가 때로는 무릎을 꿇을 때, 이는 자신이 하나님께 바쳐지는 이 봉헌물의 일부임을 선언하는 것이다. 그리고 자기 자리에 앉아 모두 동시에 빵을 먹고 포도주를 마시는 식으로 성찬을 거행하는 교회의 경우, 여기서 강조되는 것은 그리스도의 몸의 일치(unity)다. 이렇게 성찬은 신자들 간의 일치를 축하하는 의례이기도 하고 우리가 세례 때 한 서약을 새롭게 하고 재다짐하는 기회이기도 하다.

성찬은 소망의 표이자 소망을 축하하는 의식이다. 고대 그리스도인들은 한 주간의 여덟 번째 날(한 주간의 첫 번째 날이기도 한)에 성찬을 거행함으로써 자신들에게 약속된 최종적 잔치와 영생을 기억했다. 빵을 취함으로써 이들은 들판과 산지에 흩어져 있는 밀처럼 지상 구석구석에 흩어져 있는 그리스도의 교회가 하나의 단일한 덩어리로 모일 날을 내다보았다. 바울의 말에서도 이렇게 장래 일을 일깨워 주는 것을 볼 수 있다. 바울은 성찬을 거행함으로써 우리가 주님의 죽음을 "그가 오실 때까지"(고전 11:26) 알린다고 말한다.

마지막으로, 세례와 성찬을 생각할 때마다 우리는 복음의 참된 핵심, 즉 예수 그리스도의 죽음 및 부활과의 관계 때문에 이 세례와 성찬이 가치를 지닌다는 점을 기억하고 역설해야 한다.

생각과 묵상을 위한 질문

1. 자신이 속한 교회가 유아 세례를 시행하는 교회인 경우, 그 관행에서 어떤 가치를 보는가? 성인에게 세례를 베푸는 관행에서는 어떤 가치를 보는가? 이 두 가지 관행이 어떤 식으로든 저마다 무언가 중요한 것을 증언할 가능성이 있는가?

2. 자신이 속한 교회가 성인에게만 세례를 주는 교회인 경우, 그 관행에서 어떤 가치를 보는가? 유아에게 세례를 베푸는 관행에서는 어떤 가치를 보는가? 이 두 가지 관행이 어떤 식으로든 저마다 무언가 중요한 것을 증언할 가능성이 있는가?

3. 세례는 반복되지 않는 반면 성찬은 왜 정기적으로 거행되고 반복되는지 설명할 수 있는가?

4. 우리가 알기로 고대 교회에서 성찬은 적어도 매주 거행되었다. 우리 시대의 많은 교회에서 성찬이 드물게 시행되는 이유는 무엇인가? 좀 더 자주 시행해야 하지 않는가? 자주 해야 한다면 그 이유는 무엇이고, 아니라면 그 이유는 무엇인가?

5. 교회마다 성찬은 다양한 방식으로 거행되고 분배된다. 어떤 교회에서는 신자들이 예배당 앞으로 나가서 성찬을 받고, 어떤 교회에서는 그냥 자기 자리에 앉아서 받으며, 어떤 교회에서는 둥글게 서서 성찬을 받는다. 각자 보고 들은 다양한 형식들을 검토해 보고 그 의미를 이해해 보도록 하라. 어떤 때는 이런 식으로 해 보고 또 어떤 때는 또 다른 식으로 해 보는 것이 좋지 않겠는가? 그렇게 하는 게 좋다면 그 이유는 무엇이고, 좋지 않다면 그 이유는 무엇인가?

9

그리스도인의 소망과 종말

오늘날 '종말'(last days), 혹은 전통적 전문용어로 종말론(eschatology)에 대해 많은 말이 있다. TV를 켜거나 인터넷을 살펴보기만 해도 주님이 오실 정확한 날짜 심지어 정확한 시간까지 말해 주고, 현재 일어나는 사건들이 어떻게 해서 옛 예언들의 성취인지, 요한계시록에 나오는 짐승이 누구인지, 다가올 어떤 재앙이 종말의 표가 될지 이야기해 주는 사람을 만날 수 있다. 별로 놀랄 일은 아니다. 과거에도 그런 예측과 공론으로 허송세월하는 사람들이 많았기 때문이다. 게다가 그들의 예측은 다 틀렸다.

여기서 먼저 말해 두어야 할 것은, 마지막 때에 관한 자신의 짐작은 성경의 계산에 바탕을 둔 거라고 많은 이들이 주장하지만, 이런 개념들은 사실상 성경 자체는 물론이고 예수께서 하신 말씀과도 상충된다. 예수께서 승천하실 때, 이스라엘이 나라를 회복할 때가 온 것인지 제자들이 묻자, 예수님은 이렇게 말씀하셨다.

"때와 시기는 아버지께서 자기의 권한에 두셨으니 너희가 알 바 아니요"(행 1:7). 복음서의 다른 부분에서도 마찬가지다. 예를 들어, 예수께서는 이렇게 말씀하신다. "그러나 그날과 그때는 아무도 모르나니 하늘에 있는 천사들도, 아들도 모르고 아버지만 아시느니라 주의하라 깨어 있으라 그때가 언제인지 알지 못함이라"(막 13:32-33). 그러므로 종말이 언제 임할지 그 정확한 때를 말해 준다고 하는 사람은 자신이 천사들보다 잘 알고 심지어 예수님보다 더 잘 안다고 주장하는 것이다.

소망으로 종말을 준비하기

성경은 마지막이 언제 올지에 관해서는 말이 없고, 마지막을 어떻게 준비해야 하는지에 관해서만 말한다. 성경은 우리가 늘 그 순간을 대비하고 있어야 한다고 말하는데, 왜냐하면 그 날이나 시간을 우리가 알지 못한다는 바로 그 이유 때문이다. 사실 마지막이 언제 임할지 정확히 알고 싶어 하는 우리의 욕구는 우리의 악한 반역과 관련된다. 마지막이 언제인지 알고 싶다는 것은 그날이 가까울 때까지는 순종할 필요가 없다는 마음의 표현이고, 마지막이 임박했다는 것만이 순종의 유일한 이유라는 뜻이기 때문이다.

더 나아가서, 마지막 때나 종말론에 대해 말할 때 우리는 또 한 가지 심각한 실수를 종종 저지른다. 종말론을 소망의 문제가 아니라 두려움의 문제로 바꾸어 버리는 게 바로 그 실수다. 대멸망 광경을 볼 수 있는 요한계시록조차도 사실은 기쁨과 소망의 책이다. 요한계시록에서 요한은 심한 어려움에 봉착해서 절망에 빠지게 된 소아시아 교회들을 향해 말했다. 이들을 안심시키려고 소망의 메시지를 보냈다. 다가올 재앙에 대해 말은 하지만, 이는 이 교회들을 겁주려는 것이 아니라, 이들의 소망이 헛되지 않으며 이들이 현재 적대를 당하고 있지만 그럼에도 끝까지 신실한 이들은 마침내 생명의 면류관을 얻을 것이라고 안심시키려는 것이다. 이것이 바로 요한계시록이 성경에서 시편 다음으로 수많은 찬송가 가사에 영감을 줄 수 있었던 이유다. 하지만 원래 소망을 줄 의도로 기록된 이 책은 이제 닥쳐올 재앙 앞에서 공포를 조성하는 데 쓰이고 있다. 이는 기독교 종말론을 왜곡하는데, 기독교 종말론은 공포가 아니라 하나님의 최종 승리 및 피조물을 향한 하나님의 목적에 대한 소망에 바탕을 두고 있다.

하지만 '소망'(hope)은 모호한 말이다. "네 말이 맞기를 바란다(hope)"라고 말할 경우, 이 말의 진짜 의미는 네 말이 틀릴까 봐 염려된다는 것이다. "소풍 갈 때 비가 안 오기를 바란다"라고 할 때 이 말의 진짜 의미는, 비가 안 오면 좋겠지만 이에 관해 내가 할 수 있는 일이 아무것도 없다는 것이다. "해 지기 전에 이 일을 마칠 수 있기를 바란다"라고 하면, 해 지기 전에 이 일을 마치려고 최선을 다하겠다는 뜻이다. 우리의 믿음은 이런 유형의 소망에 그칠 때가 많다는 것을 인정해야 한다. 우리는 하나님의 말씀이 맞기를 바란다. 우리는 하나님께서 우리가 바라는 일을 해 주시기를 소망한다. 우리는 우리가 해야 한다고 생각하는 일을 하나님께서 허용해 주시기를 소망한다. 이런 종류의 모든 소망은 우리가 말하는 그리스도인의 소망에 미치지 못한다. 그리스도인의 소망은 단순한 바람이나 가능성이 아니라 확신이다. 우리가 대망하는 미래는 우리가 기억하는 과거만큼 확실하고 불가피하다. 하지만 과거는 수치와 회한의 원인일 때가 많은 반면, 우리가 기다리는 미래는 기쁨의 이유가 된다는 엄청난 차이가 있다. 다시 말하지만, 기독교의 종말론은 두려움에 관한 이야기가 아니라 소망에 관한 이야기다.

종말론을 다룰 때 우리는 다른 것보다도 호기심이 얽힌 질문들, 아무리 흥미를 자아내더라도 그다지 중요하지는 않은 일련의 질문에 초점을 맞추는 경향이 있다. 예를 들어 사람들은 우리가 장래에 서로를 알아볼 수 있을지, 과거의 죄 많은 삶을 완전히 잊게 될지, 그밖에 이와 비슷한 문제들을 흔히 궁금해한다. 이는 새로울 게 없다. 이런 문제는 고대의 일부 그리스도인들의 관심사이기도 했다. 고린도 시의 일부 신자들도 바울에게 비슷한 질문을 한 것 같다. "죽은 자들이 어떻게 다시 살아나며 어떠한 몸으로 오느냐"(고전 15:35). 바울은 씨앗을 예로 들어 대답하는데, 씨앗은 땅에 심긴 후 심길 때와는 아주 다른 형체를 생산한다. 결국 바울의 답변은, 우리가 장차 어떤 몸으로 올지 결정하는 분은 하나님이시라는 것이다. "하나님이 그 뜻대로 그에게 형체를 주시되 각 종자에게 그 형체를 주시느니라"(고전 15:38). 이는 "육의 몸으로 심고 신령한 몸으로 다시 살아"난다는 뜻이다(고전 15:44). 달리 말해, 지금 인간을 위한 몸이 있고, 물고기를 위한 몸이 있고, 새를 위한 몸이 있는 것처럼, 바울은 "신령한 몸"이라고 부르는 새로운 몸이 있으리라는 것이다. 하지만 바울은 그 이상으로 나가지 않고, 그런 몸의 본질이 무엇인지 안다고 하지도 않는다. 그 보다 그는 하나님께서 하나님 자신이 바라시는 대로 각각에게 몸을 주시리라는 것을 알고, 우리가 상상할 수 없는 훨씬 좋은 몸을 주실 하나님의 사랑을 신뢰하는 데 만족한다.

우리의 출발점: 하나님의 사랑

이 모든 사실이 의미하는 것, 곧 우리가 잊지 말아야 할 것은, 종말론의 출발점은 우리의 호기심이 아니라 하나님의 사랑이라는 것이다. 종말론의 근본적 가르침은 하나님의 사랑과 은혜의 최종 승리다. 이런 맥락에서 우리는 앞에서 말한 것을 기억해야 한다. 즉, 우리가 보기에 사랑과 공의는 정반대로 보일 때가 많지만 하나님 안에서 사랑과 공의는 복잡하게 연결되며, 그게 어떤 식이냐면, 공의를 행하실 때조차도 하나님은 사랑이시라는 것이다. 이는 하나님께서 결국 영생에 들어가는 이들은 사랑하시고 나머지 사람들은 미워하신다고 생각해서는 안 된다는 뜻이다. 우리가 전혀 이해할 수 없는 방식으로, 공의를 행하실 때조차도 하나님은 사랑이시다. 이것이 바로 종말론이 두려움과 떨림의 문제와는 거리가 먼 이유다. 종말론은 하나님의 사랑은 결국 승리가 입증될 사랑이고 우리와 영원히 함께 있는 그런 사랑이라는 놀랍고도 반가운 소식이다.

가장 중요한 점은, 종말론적 소망에는 우리의 머리로 파악할 수 없고 놀라울 정도로 신비스러운 면이 있기는 하지만, 미래를 위해서뿐만 아니라 각 신자 및 전체 교회의 현재 삶을 위해서도 상당한 의미가 있다는 것이다. 우리가 이 점을 자주 잊기는 하지만, 사실상 우리는 과거라는 토대뿐만 아니라 무엇보다도 우리가 기대하는 미래의 토대 위에서도 우리의 삶과 행동을 조정해 나간다. 일상생활에서 우리가 내리는 가장 단순한 결정에서도 이를 확인할 수 있다. 집을 나설 때 나는 내가 방금 어디에서 나왔는가가 아니라 어디로 가려고 하는지에 근거해서 오른쪽으로 갈지 왼쪽으로 갈지를 결정한다. 시장에 가서 쌀을 구하려고 할 때, 내가 쌀을 사는 이유는 어느 시점에서 쌀로 음식을 만들 생각이기 때문이다. 여기 앉아서 이 글을 쓸 때, 나는 여러분이 이 글을 읽으리라는 소망으로 그렇게 한다.

이는 결국 우리가 어느 정도나 간절하게 소망하느냐는 앞으로의 기대에 근거해서 내리는 결정으로 가늠된다는 뜻이다. 북쪽에 있는 어떤 곳에 갈 거라고 말해 놓고, 정작 집을 나서서는 남쪽으로 방향을 잡는다면, 그 방향으로 오래 가면 갈수록 내가 공언한 의도는 점점 신빙성을 잃는다. 어떤 친구가 자신은 은퇴하면 산속 조용한 곳에 가서 살면서 낚시와 노을 구경으로 소일할 거라고 말해 놓고, 허구한 날 시끄러운 오토바이에만 정신이 팔려 떠들썩한 친구들과 어울려 돌아다니기만 한다면, 그 친구가 은퇴해서 정말 자기 말대로 살지 의심할 만하다. 설령 그렇게 산다 해도 그 친구는 그다지 행복하지 않을 것이다. 어떤 학생이 자신은 자라서 의사가 될 거라고 말하면서 지금 열심히 공부하지 않는다면, 그 학생이 정말 의사가 되고 싶은 건지 의심할 만하다. 마찬가지로, 교회와 그 구성원들이 사랑과 화평과 공의의 통치를 기다린다고 말한다면, 그 증언은 지금 사랑과 화평과 공의를 위해 얼마나 힘쓰고 이를 얼마나 실천하느냐에 따라 신뢰성을 갖게 된다. 그렇게 하지 않으면, 우리의 말은 북쪽으로 가겠다고 말해 놓고 자꾸 남쪽으로 향할 때만큼이나 믿을 수 없는 말이 될 것이다.

우리가 그리스도인의 소망을 이해하는 방식이 엄청나게 중요한 이유가 바로 그것이다. 예를 들어, 영생이란 우리 각 사람에게 전용 구름이 하나씩 있고, 우리의 즐거움을 방해하는 어떤 사람의 간섭도 없이 살게 되는 거라고, 영생은 그런 식으로 생각하는 게 최선이라고 하는 개념이 널리 퍼져 있다. 하지만 이는 하나님께서 약속하시는 미래를 설명하려고 성경이 활용하는 이미지와는 거리가 멀어도 한참 멀다. 성경이 활용하는 두 가지 주요 이미지는 하나님의 나라와 새 예루살렘이다. 나라와 도성 모두 사회적 실체다. 왕은 자기 백성이 조화롭고 정의로운 관계를 향유할 수 있는 방식으로 나라를 다스릴 때 선한 왕이 된다. 요한계시록에서 "성"(city)이라고 번역된 단어는 도회지풍의 한 실체만이 아니라 정부의 전체 시스템, 정치·사회 질서를 말한다. 달리 말해, 성경이 하나님의 나라나 하나님의 도성(City of God)을 말할 때 이는 개인의 개별적 기쁨의 이미지보다는 공공의 이미지를 활용하는 것이다. 그래서 앞에서 말한 것처럼 사회에서 물러남으로써 더 나은 그리스도인이 되고자 한 이들은 그리스도인의 삶이란 그 정의상 공동체 안에서의 삶이라는 것을 깨달았다. 이것이 참인 이유는 우리 인간이 홀로 사는 존재가 아니라 삼위일체에 존재하는 공동체 이미지를 좇아 사랑의 공동체 안에 살아야 할 존재로 지음 받았기 때문이다. 이렇게, 약속된 하나님의 나라 또는 하나님의 도성을 참으로 믿는다면, 이제 할 수 있는 한 모든 노력을 다해 상호 간 사랑으로 공동체 안에서 살고자 해야 한다.

화평과 정의의 옹호자 되기

성경이 그 도성과 나라의 특성을 그리는 이미지는 현재 우리 삶에 훌륭한 지침 역할을 할 수 있다. 그 특성은 사랑, 화평, 정의다. 성경에는 이 방향을 가리키는 구절들이 헤아릴 수 없이 많다. 그중 화평을 묘사하는 가장 잘 알려진 구절은 미가 선지자 글에서 볼 수 있다. "그가 많은 민족들 사이의 일을 심판하시며 먼 곳 강한 이방 사람을 판결하시리니 무리가 그 칼을 쳐서 보습을 만들고 창을 쳐서 낫을 만들 것이며 이 나라와 저 나라가 다시는 칼을 들고 서로 치지 아니하며 다시는 전쟁을 연습하지 아니하고"(미 4:3). 미가가 이런 말을 하는 것은 전쟁과 폭력이 세상을 지배하는 것처럼 보이는 현실을 모르기 때문이 아니다. 모르기는커녕 미가는 당대의 이 끔찍한 형편을 수없이 언급한다. 그리고 바로 그런 상황 앞에서 미가는 어떤 나라도 다른 나라를 상대로 전쟁을 벌이지 않는 때가 오리라는 소망을 선언한다.

하지만 이 지점에서 경고를 한마디 하는 게 합당하다. 불의라는 폭력이 여전한데도 전쟁이나 공공연한 폭력만 없으면 평화로운 상태라고 믿기 쉽다. 성경이 정의에 대해 말할 때 이는 단순히 법과 법정이 악행자를 처벌하는 절차를 가리키는 게 아니라는 점을 우리는 분명히 알아야 한다. 오히려 이는 누구나 필요한 것을 누리며 학대나 착취가 없는 사회 질서로서의 정의를 가리킬 때가 많다. 그래서 화평을 선언한 직후 미가 선지자는 이렇게 알린다. "각 사람이 자기 포도나무 아래와 자기 무화과나무 아래에 앉을 것이라 그들을 두렵게 할 자가 없으리니"(미 4:4). 미가 선지자가 되풀이해서 말하는 것은 바로 이런 종류의 정의다. 아모스 선지자가 비슷한 취지로 한 말도 잘 알려져 있다. 동일한 주제가 미가 자신을 포함해 다른 선지자들의 선언에 반복적으로 등장하며, 미가는 밭과 집을 빼앗음으로써 남을 괴롭히는 사람들에게 가차없는 말을 한다(미 2:1-2). 예수님 또한 우리가 무엇보다도 하나님의 통치 및 그 통치의 공의 또는 의를 구해야 한다고 하면서 이를 언급하신다(마 6:33).

이 모든 것은, 우리에게 약속된 화평은 학대·특권·착취가 없는 화평이라는 의미다. 그러므로 그런 화평을 참으로 기대하는 사람으로 살려면, 지금 자신의 영역 안에서 그런 화평, 곧 정의를 수반하는 화평을 추구하기 위해 우리가 할 수 있는 일을 다 해야 한다. 종말론적 소망은 우리에게 이웃과 화평한 삶을 살라고, 교회 안에서 공동체 의식을 함양하라고, 사회 전반에서 화평을 위해 힘쓰라고 명한다. 이와 동시에 우리는 화평을 잘못 이해해서 약자들을 끊임없이 괴롭히는 폭력을 지지하고 옹호하는 일이 없도록 주의해야 한다.

여기서 나는 선거나 경제적 갈등을 둘러싼 큰 정치적 논쟁만을 말하는 게 아니다. 내 말에는 가정생활도 포함된다. 가정 폭력을 생각해 볼 때, 가정에 사랑과 정의가 있지 않은 한 그런 폭력은 그칠 수 없음이 확실하다. 그렇지 않으면, 사실상 가정 안의 힘 있는 사람에게 복종하는 것일 뿐이고 따라서 그저 또 다른 형태의 학대와 폭력일 뿐인 가상의 평화가 자리 잡는 결과가 흔히 벌어진다. 어떤 경우, 가정 자체를 넘어선 외부 권력에 대한 두려움 때문에 가정 폭력이 함구되기도 한다. 그런 상황이 벌어지면, 폭력 문제는 해결되지 않고 오히려 보이지 않는 곳으로 숨어들거나 다른 표현 수단으로 발현된다. 어느 경우든 그런 가정에는 참 평화가 없다. 선지자들이 알리고 신자들이 기다리며 추구해야 할 화평은 정의가 수반되는 화평이다. 시편 기자의 이상이 우리의 목표여야 한다. "의와 화평이 서로 입 맞추었으며"(시 85:10).

그렇지만, 선지자들이 알린 화평은 거기서 더 나아간다. 그 화평은 모든 창조 세상 안에 있는 화평, 인간과 창조 세상 자체 사이의 화평이기도 하다. 자연 속에 하나님이 임재하신다는 앞서의 논의에서 나는 이 사실이 자연에 존재하는 폭력을 감추어서는 안 된다는 점을 지적해야 했다. 나비는 새에게 먹히고, 새는 고양이에게 먹힌다. 우리의 현재 상황과 과거 체험의 관점에서 보면 우리가 달리 택할 길은 전혀 보이지 않는다. 하지만 이사야 선지자는 장차 우리가 상상조차 할 수 없는 그런 화평이 있을 것을 알린다. "이리가 어린양과 함께 살며 표범이 어린 염소와 함께 누우며 송아지와 어린 사자와 살진 짐승이 함께 있어 어린아이에게 끌리며"(사 11:6). 확실히 이는 시적(詩的) 표현이지 실제 묘사가 아닌 게 분명하다. 하지만 그럴지라도 이는 약속임이 확실하다.

이런 엄청난 꿈은 우리 힘으로 하나님의 통치가 이 땅에 임하게 할 수 있다는 환상을 박살낸다. 하나님의 길이 우리의 길을 한참 초월하는 것처럼, 하나님의 구상은 우리의 역량을 한참 초월한다. 하지만 이는 그 구상이 우리의 현재 삶에 중요하지 않다는 말이 아니다. 오히려 그 구상은 우리가 오늘을 어떻게 살아야 하는지에 관해 많은 것을 말해 준다. 화평과 정의에 대한 약속이 우리를 불러, 정말로 화평과 정의가 이기리라는 것을 아는 자로서 이 땅에서 살기를 요구하는 것처럼, 이사야의 약속은 우리를 불러 하나님의 궁극적 목적에는 폭력이 설 자리가 없음을 진실로 믿는 자로서 살아가라고 요구한다. 이리가 어린양에게 가하는 폭력, 표범이 어린아이에게 가하는 폭력은 중단시키지 못해도, 우리가 서로에게, 그리고 창조 세상에 가하는 폭력은 억제할 수 있다. 사람들은 불의를 행하고, 우리로 하여금 세상의 모든 압제를 종식시킬 수 없게 만들지만, 그렇다고 해서 정의를 위해 힘써야 할 우리의 의무가 면제되지 않는 것처럼, 이리가 어린양을 사납게 공격한다는 사실이 우리가 이리나 어린양에게 폭력을 행사해도 되는 허가증을 주지는 않는다. 이사야의 이상에 따르면, "어린아이가 그것들을 이끌고 다닐 것이다"(새번역). 인간과 다른 피조물 사이에 원래 있어야 할 조화를 이보다 더 아름답게 묘사하는 장면은 상상하기 힘들다.

이는 그리스도인의 소망이 화평, 사랑, 정의로 표출되되 타인과의 관계만이 아니라 자연과의 관계에서도 그렇게 표출되어야 한다는 뜻이다. 그리스도인의 믿음은 가정 폭력뿐만 아니라 우리가 생태계에 가하는 폭력도 정죄한다. 약한 사람을 억압하는 것이 하나님의 신적 구상에 대항하는 것이라면, 자연을 불의하게 착취하는 행위에 대해서도 같은 말을 할 수 있다.

* * *

요약하자면, 그리스도인의 소망, 곧 우리가 '종말론'이라고도 하는 이 소망은 기독교 메시지의 근본 요소다. 왜냐하면 종말론은 앞으로 무슨 일이 일어날지 정확히 알려 줄 수 있다고 하면서 사기꾼들이 사용하는 수정 구슬이 우리에게 있기라도 한 양 장래에 있을 일을 시시콜콜 예측하는 문제가 아니기 때문이다. 그리스도인의 소망은 미래를 예측하기보다는 미래가 무엇을 품고 있는지 이미 아는 사람으로서 살아가라고 우리에게 요구한다.

미래가 무엇을 품고 있는지 우리가 아는 이유는 우리가 기대하는 분이 바로 우리가 이미 아는 분, 예수 그리스도 우리 주님이시기 때문이다. 우리가 말하는 하나님의 통치의 화평이란 그저 여느 화평이 아니라, "평안을 너희에게 끼치노니 곧 나의 평안을 너희에게 주노라"(요 14:27)라고 말씀하신 분 덕분에 우리가 이미 누리기 시작한 화평이다. 정의에 대해 말할 때 우리는 정의를 갈망하고 정의에 목말라 하라고 우리를 부르시는 분께 순종하고 그분을 섬기는 중에 그렇게 한다. 사랑에 대해 말할 때 우리는 사랑 때문에 우리 가운데 거하러 오셔서 종의 형체를 입고 우리 중 한 사람과 같이 되신 분을 찬양하는 가운데 그렇게 한다. 우리가 이 모든 일을 하는 것은 두려움에서가 아니라, 이분이 우리가 기대하는 분임을 알기 때문이며, 그분 앞에서 "하늘에 있는 자들과 땅에 있는 자들"이 모든 무릎을 꿇고 온 세상이 예수 그리스도는 주님이시라 고백하게(빌 2:10-11) 될 것을 알기 때문이다.

이 장을 시작할 때 내가 종말론은 두려움의 문제가 아니라 소망의 문제라고 역설한 것은 바로 이런 이유에서다. 그리스도인의 이 소망은 세상에서 우리가 얼마나 많은 악을 목격하고 우리 앞길에 얼마나 많은 난관이 있든 우리의 미래는 하나님의 손에 있다고 말한다. 우리의 미래를 주관하시는 하나님께서 우리를 우리 자신보다 더 많이 사랑하신다는 것을 알기에, 우리에게 절망하라고 말하는 세상 한가운데서도 우리는 소망을 잃지 않는 삶을 살 수 있다. 그것이 바로 그리스도인의 소망이 우리에게 주는 기쁨이다.

생각과 토론을 위한 질문

1. 사람들에게 겁을 주려는 목적으로 종말론적인 일들이 선언되는 것을 들어 본 적이 있는가? 그런 일들에 대해 어떻게 생각하는가? 사람이 두려움 때문에 회심하는 게 가능한가?

2. 어제 어떤 결정을 내렸는지 생각해 보라. 그 각각의 결정을 내릴 때 과거뿐만 아니라 한 미래, 한 목적까지 고려했는지 따져 보라. 어떤 미래를 기대하느냐에 따라 오늘 어떤 특정한 방식으로 행동하게 된다. 종말론적 소망에 관해서도 마찬가지 아닌가?

3. 예수님이 정확히 언제 오실지 알고 싶어 한다는 것은 사실 종말이 임박할 때까지는 그분에게 순종할 필요가 없다는 생각의 표현 아닌가?

10

그리스도인의 삶

지금까지 우리는 기독교의 주요 교리를 특정한 순서에 따라 논의했다. 즉, 하나님과 창조 교리로 시작해 그리스도인의 소망을 논하는 장으로 끝을 맺었다. 하지만 우리가 여기서 공부한 교리들은 단순히 이론적인 가르침이 아니라 사실상 우리가 살아가는 방식에 의미 있는 영향을 끼친다는 사실을 거듭 확인했다. 그래서 이제 공부를 마무리할 때가 되었으니 교리와 삶의 관계를 살펴보는 게 현명할 것이다. 왜냐하면 바로 그 관계에서 믿음이 실제 삶으로 구현되기 때문이다.

우리가 무엇을 믿느냐는 우리의 행동에 영향을 끼치고, 우리가 무엇을 행하느냐 혹은 거부하느냐는 우리가 무엇을 믿느냐에 영향을 끼친다. 믿음이란 그런 것이다. 그리스도인이려면 어떤 일들을 믿는 것만으로는 충분하지 않다. 어떤 일을 행하는 것만으로도 충분하지 않다. 우리는 어떤 교리를 지지하면 그것으로 충분하다고, 혹은 어떤 일을 행하거나 행하지 않으면 그것으로 충분하다고 생각하면서 자기 자신을 기만하기 쉽다. 그러나 사실 믿음과 행함은 병행한다. 참믿음은 행함으로 귀결된다. 그런데 우리는 믿으면 순종해야 한다는 것을 알기 때문에 믿지 않을 때가 많다.

이런 이유로 이 마지막 장에서는 앞에서 공부한 여러 교리들을 되새겨 보고 그 교리들이 우리의 삶에 어떻게 연관되는지 생각해 보도록 하겠다. 먼저 하나님의 존재부터 시작해 보자. 하나님이 존재하는지 존재하지 않는지의 여부를 논할 때 우리는 교리에 대해서만 말하는 게 아니라 우리가 살아가는 방식에 관해서도 이야기한다. 하나님의 존재를 부인하는 사람은, 만약 하나님이 존재하시면 자신이 어떤 특정한 방식으로 살아야 할 것이라는 두려움 때문에 어쩌면 자기도 모르게 하나님의 존재를 부인하는 것일 가능성이 크다. 무신론은 단지 일부 사람들의 지적 확신이 아니다. 바로 그 확신에는 어떤 존재 앞에서 책임지지 않아도 되는 삶을 살고자 하는 욕망이 자리 잡고 있을 수 있기 때문이다. 어떤 신자들은 하나님을 믿는다고 말하면서 마치 누구에게도 자기 삶을 설명하지 않아도 되는 양 살아간다. 그것은 사실상 실천적 형태의 무신론이다. 입으로는 아무리 하나님 이야기를 많이 한다 해도 그렇다. 이는 단순히 우리가 어떤 일을 하고 싶어 하느냐 아니냐의 문제가 아니다. 이는 인생에 어떤 특별한 의미가 없는 양 궁극적으로 아무것도 중요하지 않은 것처럼 사는 편을 좋아하느냐, 아니면 의미 있는 삶을 사는 편을 더 좋아하느냐의 문제이기도 하다.

마찬가지로 창조 교리도 우리 삶과 직접적으로 연관된다. 첫째, 창조는 우리를 에워싼 세상이 선한 것은 그것이 하나님의 작품이기 때문이라고 말한다. 둘째, 창조는 우리를 에워싼 세상이 하나님의 작품이기 때문에 우리가 이를 존중해야 한다고 말한다. 세상은 길거리에 보이는 돌처럼 단순히 그냥 거기 존재하는 어떤 것이 아니다. 세상은 사랑의 하나님께서 의도를 갖고 만드신 작품이다. 그뿐만 아니라, 자기를 방어할 길 없는 이들을 늘 지켜 주시는 하나님은 이 세상도 지켜 주신다. 오늘날 우리는 공기와 물을 오염시키고, 숲의 나무를 마구잡이로 베어 내고, 습지를 말라붙게 하고, 원유를 캐내려고 땅에 가스를 주입하면서 이 땅을 훼손하고 있다. 하지만 암과 호흡기 질환 발생률이 높아지고, 가뭄과 홍수가 잦아지며, 최근까지도 안정적이라 여겨지던 땅에서까지 지진이 일어나는 등, 그런 행동이 결국은 우리 삶도 훼손하고 있다는 사실을 우리는 점점 인식해 가고 있다. 하나님이 우리를 에워싼 이 세상을 창조하신 분이라고 정말로 믿는다면, 이 세상이 여기 존재하는 게 그저 무자비하게 착취당하기 위해서가 아니라는 것 또한 믿어야 할 것이다.

우리가 믿는 하나님에 관해 공부할 때 우리는 이 하나님이 삼위 하나님이시라는 사실을 확인했다. 하나님은 바로 그 존재 안에서 삼위 간에 교제와 사랑을 나누는 분이시다. 하나님은 엄밀하고 절대적인 의미에서 한 분이시지만, 결코 혼자가 아니시다. 삼위일체 세 위격 사이의 교제는 셋이 하나인 그런 교제다. 우리는 삼위일체 교리를 마치 복잡한 공론 문제인 양 다룰 때가 많지만, 사실 우리는 이 교리를 우리 삶의 길잡이로 여기고 접근해야 한다. 하나님조차도 주권적 고독 가운데 존재하시지 않는다면, 하나님의 형상으로 창조된 우리 인간은 더더욱 혼자 존재할 수 없다. 하나님께서 창세기에서 말씀하시는 것처럼, "사람이 혼자 사는 것이 좋지 아니"하다. 참다운 인생은 어울려 사는 삶이다. 그리고 공동의 삶을 엮어 나갈 때 우리가 본받아야 할 모범은 신성의 삼위일체다. 이 삼위일체에는 셋이 하나일 정도의 친밀함이 있다. 이는 우리의 공동체 의식이 깊어질수록, 그리고 서로 더 많이 나누면 나눌수록, 우리 안에 있는 하나님의 형상을 더 잘 반영하게 되리라는 의미다. 우리는 하나님의 형상으로 창조되었기에, 서로 나누면 나눌수록 우리는 더 인간다워진다.

이는 결국 인간으로 존재한다는 게 무슨 의미인지에 관해 우리가 살펴본 내용으로 귀결된다. 무엇보다도 하나님은 나무, 산, 가축을 창조하신 것처럼 인간을 창조하셨다. 우리는 다른 피조물과 똑같은 흙, 똑같은 물질로 만들어졌으며, 따라서 우리는 그 피조물의 한 부분이다. 그러나 또 한편 하나님께서는 이 피조물들을 관리하는 청지기 직분을 우리에게 맡기셨다. 이는 우리가 창조 세상의 일부이기는 하지만 어떤 측면에서는 우리가 그 세상보다 우위에 있다는 뜻이다. 바로 이 부분에서 인간에게 하나님의 형상이 있다는 교리가 이 장의 쟁점에 중요한 의미를 갖게 되는데, 왜냐하면 이는 우리가 다른 피조물의 주인 노릇을 하는 것은 사랑의 하나님의 형상을 좇아 그렇게 정해진 것이며, 따라서 그 주인 노릇은 사랑으로 해야 한다는 의미이기 때문이다. 달리 표현하자면, 인간뿐만 아니라 창조 세상 전부가 이 광대한 공동체이며, 우리는 그 공동체의 일부이고 그 공동체를 공유해야 한다는 뜻이다.

이렇게 되면 이 책 네 번째 장의 주제, 예수 그리스도와 새로운 피조물이라는 주제에 이르게 된다. 예수 그리스도 안에서 하나님은 우리와 인성을 함께 나누신다. 하나님은 우리의 영광이 될 수 있는 것뿐만 아니라 우리 인간의 고난까지 나누신다. 그러므로 그리스도를 믿는 일은 그분이 참으로 하나님이시며 참으로 인간이시라고 믿는 데 그치지 않고, 우리가 그분의 본을 좇아 화평하고 유쾌한 곳에만 가는 게 아니라 악과 고난이 지배하는 듯한 곳까지 가야 한다는 의미이기도 하고 이를 요구하기도 한다.

이 모든 일의 절정이 무엇인지는 성령과 성화 사역을 논하는 부분에서 확인했다. 우리가 하나님과 더 가까이 교제할 수 있게 되는 것이 하나님의 목적일진대, 그 일이 일어나는 것은 오로지 우리 가운데 성령이 임재하며 일하시는 덕분이다. 성화는 원래 우리를 타인에게서 멀리 이끌어 가거나 우리가 타인보다 낫다고 주장하는 걸 허락하는 과정이 아니다. 그보다 성화는 우리를 하나님께 더 가까이 데려가는 한편, 우리를 하나님께서 그토록 사랑하신 이 인류와 이 세상으로 더 가까이 데려가기도 한다.

마지막으로, 앞 장에서 보았다시피 그리스도인의 소망은 우리 인생 전체를 안내해야 하는 그런 성질을 지닌 하나의 약속이다. 이는 단지 장래에 일어날 일을 기다리는 문제가 아니라, 그 약속을 믿는 사람으로서 살아가는 일이기도 하다. 이는 참으로 기독교적인 종말론은 두려움으로 귀결되기보다, 우리를 화평과 정의와 사랑으로 안내하는 나침반이라는 뜻이다.

다시 말하지만, 믿음과 순종 사이에는 순환 관계가 있다. 믿음은 우리가 순종하도록 도와주고, 순종은 우리가 믿을 수 있게 도와준다.

하지만, 우리는 믿지 않거나, 순종하지 않거나, 혹은 믿지도 순종하지도 않을 때가 너무 많은 게 사실이다. 우리는 의심과 변명으로 자신을 기만하기가 아주 쉽다. 누가복음 10장에는 성경과 신학 문제 전문가인 어떤 사람이 예수님을 찾아온 이야기가 있다. 그 사람은 정말로 예수님께 가르침 받기를 기대하고 찾아온 게 아니라 사실은 예수님을 시험하려고 찾아온 것이었다. 그 사람이 한 행동을 우리도 하고 있다. 우리는 서로에게 다가가 믿음에 관해 묻지만, 이는 서로에게서 배우고 서로를 가르치기 위해서라기보다 서로를 시험하기 위해서다. 어떤 자매에게 무엇을 믿느냐고 묻지만, 이는 그 자매의 말을 경청하기 위해서가 아니라 자매를 분류하고 자매가 어떤 특정한 파에 속하는지 확인하기 위해서다. 그러면서도 우리는 예수님을 시험하려고 다가간 그 사람을 감히 비난한다.

예수께서는 그 사람이 이미 알고 있는 것을 말씀해 주심으로써 그에게 답변하신다. "네 마음을 다하며 목숨을 다하며 힘을 다하며 뜻을 다하여 주 너의 하나님을 사랑하고 또한 네 이웃을 네 자신같이 사랑하라"(눅 10:27). 그 사람이 보여 주고 있다시피, 질문만 자꾸 하면서 순종은 늘 뒤로 미룰 수 있다. 그렇게 그 사람은 질문을 던짐으로써 자기 자신을 정당화하려고 한다. "내 이웃이 누구니이까." 이에 잘 알려진 선한 사마리아인 비유가 이어지고,

비유의 말씀을 끝내며 예수께서 그 율법 해석자에게 던지는 질문은 우리가 예상하는 것처럼 길가에 쓰러진 이웃을 누가 도왔느냐는 게 아니라 누가 그 쓰러진 사람의 이웃이냐는 것이었다. 질문 자체가 흥미로운 이유는, 훌륭한 유대인은 사마리아인을 이웃으로 여기지 않았기 때문이다. 하지만 그 사람은, 다쳐서 쓰러져 있던 유대인의 이웃은 그에게 자비를 보인 사마리아인이라고 대답하지 않을 수 없었다. 그러자 예수님의 명령이 이어진다. "가서 너도 이와 같이 하라."

우리도 가서 이와 같이 하자!

생각과 토론을 위한 질문

1. 이 책을 읽기 시작한 이후 알게 된 것, 그리고 자신의 생각 및 다른 이들과의 토론 내용을 목록으로 만들라. 이 목록 중 어느 하나라도 어떤 식으로든 내 믿음과 삶을 풍요롭게 해 줄 수 있을까?

2. 내가 믿는 내용과 내 삶의 방식 사이에는 어떤 관계가 있는가? 우리가 믿는 것에 근거하여 산다는 게 맞는 말인가? 아니면 우리는 그저 자신이 살고 싶은 방식에 자신의 믿음을 끼워 맞추는가?

3. 이제 공부를 끝냈는데, 이것을 어떻게 다른 사람들과 나누겠는가? 같은 내용으로 그룹 스터디를 지도할 준비가 되었다고 생

각하는가? 그런 시도가 자기 자신과 그 그룹 모두에게 어떤 유익이 있다고 보는가?

4. 이 책이 다른 교파나 다른 전통에 속한 그리스도인을 이해하고 인식하는 데 도움이 되었는가?

5. 이 책을 덮기 전에 저자를 위해, 이 책을 함께 공부한 이들을 위해, 그리고 앞으로 이 책으로 공부할 다른 모든 사람들을 위해 기도하라. 모두에게 감사드린다.

찾아보기

가톨릭교회(catholic church) 117
거룩함. '성화와 거룩함' 항목을 보라
결정론 91
계시: 계시는 하나님께 달려 있다 32-33; 성경에 드러난 계시 38-43; 성경이 해석하는 인간 43-45; 자연과 역사에 드러난 계시 34-37
공교회(Catholic Church) 119-120
공동체. '교회' 항목을 보라
공로(행위) 91, 92
공의(정의) 53-54, 74, 158-159, 169
공재설 157
교리: 교리 대(對) 믿음 26; 교리의 목적 26-29; 삶에 적용되는 교리 178-184
교사로서의 예수님 85
교회: 거룩한 교회 113-117; 공교회로서의 교회 119-120; 공동체로서의 교회 121-127; 교회 안의 다양성 110-112, 119-120; 교회에서 성경 읽기의 중요성 40-45; 교회에서 성령의 사역과 은사 98-101, 108, 113-114; 교회의 사명 121-127, 138, 144; 교회의 정의 109-110; 초기 교회 79-80; 현대 사회에서의 교회 15-18. '예배' 항목도 보라
구세군 147

구속: 성육신하신 분으로서의 예수님 78, 81, 82-84; 예수님의 사역으로서의 구속 87-90; 칭의와 예정 90-93; 타락한 창조 세상에 임재하신 예수님 78-82
구원. '구속' 항목을 보라
권력 남용 36
기도 138, 144

니케아 신경 117

다양성 111, 119-120, 138-140
동등성 147
『디다케』 149

라너, 카를(Rahner, Karl) 156
라틴계 신자들의 개신교회 17
로마가톨릭교회 137, 148, 149, 157
루터, 마르틴 54, 90, 115

마귀 106
마르키온 54
문화 138-140
믿음: 믿음 대(對) 교리 26; 믿음 이해 10-13; 믿음과 순종 183; 믿음에 의한 칭의 90-93, 94; 믿음의 의미 20-25

보이는(가시적) 교회 109-110
보이지 않는(비가시적) 교회 108, 109-110
보편적 제사장론 137
봉헌 162
부활 149, 157, 159-160
분파 119-120
비유 70-71

사도 바울: 공의에 관하여 54; 몸으로서의 교회에 관하여 109; 사도 바울의 편지 41; 사랑에 관하여 106; 새 아담으로서의 예수님에 관하여 90; 성도에 관하여 103; 성령에 관하여 98-100; 성찬에 관하여 158-159, 161, 163; 장래의 삶에 관하여 168; 죄에 관하여 88; 창조에 관하여 34; 천국에 관하여 155
사도 베드로 97, 105, 112
사도 요한 120
사도신경 21, 54, 117
사랑: 교회에서의 사랑 121-123; 사랑을 위해 창조된 인간 63-66; 성찬 때의 사랑 158-159; 예배 때의 사랑 129-130, 144; 하나님의 사랑 23, 52-53, 87, 144
삼위일체 55-59. '하나님', '성령', '예수 그리스도' 항목도 보라
선행 90-92
성경: 성경에서 보여 주는 예배 모형 130-138; 성경이 해석하는 인간 43-45; 성경 해석 38-43
성도 65, 103
성령: 삼위일체 위격으로서의 성령 55-57; 성령의 사역 114; 성령의 은사 98-101, 104-105, 108. '하나님', '예수 그리스도' 항목도 보라
성령의 은사 98-101, 104-105, 108
성례 146-148. '세례', '성찬' 항목도 보라
성례전 146-148. '세례', '성찬' 항목도 보라

성육신 82-86
성인 세례 vs. 유아 세례 150-154
성찬: 성례로서의 성찬 146-148; 성찬에 관한 의견 불일치 157-160; 성찬의 의미 160-163
성찬식. '성찬' 항목을 보라
성화와 거룩함: 개념으로서의 성화와 거룩함 94, 103-104; 거룩한 존재로서의 교회 113-117; 성령의 사역으로서의 성화와 거룩함 95-96, 117, 182; 성화와 거룩함 그리고 성령의 은사 98
세례: 성례로서의 세례 146-148; 성찬과의 관계 162; 세례에 관한 의견 불일치 148-154; 세례의 의미 154-157
세족식 148
소망 166-169
속죄 88
순종 183
승천 89, 104
신뢰로서의 믿음 20-21
십자가 처형 88-89, 159

아담 73, 90
아우구스티누스 34, 56, 68, 81, 146
『열두 사도의 가르침』 149
영감 38-42, 106
예배: 공동 행위로서의 예배 132-133; 선교로 이어지는 예배 130, 135; 성경에서 보여 주는 예배 모형 130-138; "성경적" 예배 130; 예배에서의 다양성 133-140; 예배 인도자 133; 화해 체험 136
예수 그리스도: 삼위일체 위격으로서의 예수 그리스도 55-59; 예수 그리스도 안에 있다는 것 22-23; 예수 그리스도의 구속 사역 77-90; 타락한 창조 세상에 임재하심 78-82; 하나님께 보냄 받은 예수 그리스도 123-124. '하나님', '성령' 항목도 보라

예수님의 신성 27-28, 56-57, 83
예정론 92
오순절 104-105
용서 135-136
우주적 교회 118
우주적 드라마 88-89
웨슬리, 존 13, 16, 23
유카리스트의 정의 161. '성찬' 항목도 보라
은혜 33, 44, 90, 94, 102, 113, 115-116, 127, 135, 137, 146, 152-154, 169
이단 28
인간: 불완전한 존재로서의 인간 34, 112, 122; 상호 관계와 사랑을 위해 창조된 인간 63-66; 인간과 예수님의 성육신 82-86; 인간과 창조 세상 사이의 화평 174-175; 인간의 자유의지 68, 92; 창조 세상의 독특한 일부로서의 인간 61-63; 청지기로서의 인간 69-74
일치: 교회의 일치 101, 104, 115, 140, 161, 162; 삼위일체의 일체성 57, 108-181

자유의지 68, 92
재세례파 150, 151
정결 113-116. '성화와 거룩함' 항목도 보라
정교회 148
제사장직 137-138
종말: 사랑과 소망으로 종말을 준비하기 166-169; 종말과 현재 삶에서의 화평 172-175; 종말을 예비하기 176
죄 고백 135
죄: 교회 안의 죄 115-116; 권력 남용으로서의 죄 36; 죄 고백 134; 죄 용서 135-136; 죄에 대한 대속물로서의 예수님 86
증언하기 45, 112, 119, 122-123
지상명령 125, 127
진화 50

창조: 상호 관계와 사랑을 위해 창조된 인간 63-66; 인간 사이의 화평 172-175; 창조 교리 49-55, 61-63; 창조 세상의 독특한 일부로서의 인간 61-63; 창조 세상의 청지기로서의 인간 69-74, 181-182; 타락한 창조 세상 78-82
청지기 직분 62, 69-74, 79, 84, 181
초대 교회 18, 49, 54, 119, 130, 159
침례 149-150
칭의 90-92, 94-95

카르타고의 키프리아누스 110
칼뱅 158
캔터베리의 안셀무스 11, 13
퀘이커교 147

타락 72
타인을 위한 기도 138
테르툴리아누스 150

페트루스 롬바르두스 148
포괄성 105
프로테스탄트 종교개혁 90

하나님: 삼위일체의 위격으로서의 성부 55-56; 성경에 나타난 하나님 38-43; 자연과 역사에 드러난 하나님 34-37; 창조주로서의 하나님 48-49, 74; 하나님 앞에 설명해야 할 책임 179; 하나님을 믿기 20-22; 하나님의 사랑 23, 53, 87, 144, 169-172; 하나님의 영광 130-131, 133-135; 하나님의 자기 계시 32-33; 하나님의 형상 63, 66, 181; 하나님이 존재하신다는 증거 48. '성령', '예수 그리스도' 항목도 보라
화체설 157
화평의 입맞춤 136
히폴리투스 151